La bienveillance est une arme absolue

Didier van Cauwelaert

La bienveillance est une arme absolue

ISBN : 979-10-329-0240-0
Dépôt légal : 2019, novembre
© Éditions de l'Observatoire/Humensis 2019
170 *bis*, boulevard du Montparnasse, 75014 Paris

« Une douce bienveillance émanait de ses gants de boxe. »

Charles Dickens,
Le Mystère d'Edwin Drood

1

Présentez arme...

Il arrive un moment où, face à l'agressivité sommaire qui mène le monde, on éprouve le besoin de s'arrêter pour dresser le seul bilan qui compte vraiment dans une vie : la différence entre le passif et l'actif – entre ce qu'on a reçu et ce qu'on a fait pour les autres. Le passif qui a créé nos richesses intérieures et l'actif qui en découle. Ce livre est avant tout un hommage aux illuminés, anonymes ou célèbres, qui ont éclairé la route que je m'étais tracée dès l'enfance. On peut y voir aussi un examen de conscience, un état des lieux, ou, comme on dit en langage fiscal, une vérification approfondie de ma situation humaine. À un âge où, statistiquement, j'ai dû consommer les deux tiers de mon espérance de vie, il m'a paru bienvenu d'honorer mes dettes et de justifier mes investissements.

Cela dit, il s'agit là bien moins d'un brouillon de testament que d'une sorte de guide pratique, à l'intention des lecteurs intéressés par le développement de soi et des autres. Je n'ai pas vertu d'exemple, si ce n'est que je suis, comme tout un chacun, une caisse de résonance. Mais la sensibilité de cette caisse, je l'ai tant travaillée qu'elle s'est substituée depuis longtemps, pour moi, au sourd tapage du monde. Et pas seulement parce que le bruit de fond s'efface quand on travaille la forme. À l'écrit comme à la ville, je crois être resté fidèle au portrait que François Nourissier dressa de moi dans *Le Figaro Magazine* en juin 2000 : « Il a une vocation multiple de bon docteur, de magicien, d'enchanteur... » Un éloge subtilement narquois présentant ce trait de caractère comme une force motrice qui, si je n'y prenais garde, risquerait d'alimenter mes points de faiblesse.

De fait, à une époque où tout se radicalise – la bêtise, la ruse, la haine, l'ego, le politiquement correct et même les discours humanitaires –, la bienveillance peut apparaître comme une valeur obsolète, ringarde, inadaptée. Je pense qu'elle est au contraire la seule réponse thérapeutique à la crise morale que traversent nos sociétés. Une réponse qui, à défaut de changer le monde du jour au lendemain, lui redonne des couleurs et compense les déceptions qu'il nous inflige, tout en renforçant ce système immunitaire assez paradoxal qui s'appelle l'empathie. D'où l'urgence de radicaliser la bienveillance. Je veux dire par là : pratiquer cet état d'esprit sans peur, sans honte, sans modération et sans nuances.

Je sais bien que, sur l'échelle des valeurs à la mode, il est mieux vu aujourd'hui de célébrer la générosité ponctuelle – engagement associatif, dons défiscalisés, soutien aux victimes d'une catastrophe... – plutôt que la bienveillance de fond. À première vue, on pourrait croire que, si la première est une vertu sur laquelle tout le monde s'accorde, la seconde s'apparente à une forme de condescendance, de charité ostentatoire. Voire, si l'on s'en tient à la définition des dictionnaires, une « disposition favorable envers une

Présentez arme...

personne inférieure ». Jusqu'au XVIIIe siècle, nous précise *Le Robert*, être bienveillant signifiait simplement vouloir du bien à quelqu'un. Pourquoi alors un tel glissement, une telle méfiance, une telle présomption de mépris dissimulé sous une fausse indulgence ? L'un de mes profs de philo en accusait la Révolution française, qui voulut voir dans la bienveillance un comportement d'Ancien Régime dont il fallait faire table rase. Ainsi l'égalité de principe et la lutte des classes devaient-elles avoir raison de cette « domination déclinée en feinte gentillesse » que stigmatisait Robespierre.

Je préfère revenir à une définition plus juste et moins suspicieuse : contrairement à la démagogie dont parlait le révolutionnaire ci-dessus, la bienveillance est un sentiment qui nous dépasse et nous transcende, tout en nous offrant le plaisir gratifiant de placer parfois, même sans raison objective, l'intérêt d'autrui au-dessus du nôtre.

*

Souvent, les gens se demandent pourquoi je parais toujours de bonne humeur, pourquoi j'ai tant d'élan vers les autres quand je sors de ma tanière d'ours, pourquoi en apparence rien ne me grise et rien ne m'abat, quels que soient les succès, les revers, les bonheurs et les drames.

L'explication est simple. En toute franchise, ce qui m'arrive m'importe moins que les émotions des êtres qui me touchent. Je me protège, bien sûr, à un détail près : mon armure a les propriétés d'une éponge. Rien ne glisse sur moi ; j'absorbe tout, je laisse macérer et je restitue.

La bienveillance est une arme absolue

Mais pas seulement. Pour être bien dans ma peau, j'ai besoin que les gens s'épanouissent autour de moi. Mon altruisme est donc *a priori* égoïste, ce qui d'une certaine manière en garantit la sincérité. Sous des allures d'épicurien paisible, je suis un guerrier, en fait. Un guerrier de la bienveillance.

Ce que j'entends par là ? L'instinct, le choix raisonné, le goût d'en découdre me poussent en général à secourir sans distinction – ou presque – amis, inconnus, hypocrites ou ennemis, dès lors que j'en ai le pouvoir et l'envie. Je ne me refuse rien. D'aucuns en déduiront que je dois souvent me faire avoir. Et alors ? Ça me fait être. L'important, c'est ce que mon attitude parfois démesurée, absurde, désarçonnante va déclencher en eux. Simple instant de réconfort ou bouleversement au long cours : à eux de faire le travail. J'y puise, en retour, un plaisir de metteur en scène qui voit évoluer son personnage au fil des situations qu'il lui propose.

Oui, la bienveillance est d'autant plus profitable quand, s'apparentant à une forme de direction artistique, elle nous renvoie à nous-mêmes au travers de ce que nous transmettons. J'ai découvert, au fil des ans, des expériences et des relations que le secret de la joie intérieure, la recette de l'harmonie partagée et de la longévité des enjeux étaient là : demeurer qui l'on est en se nourrissant de ce qu'on donne aux autres – par élan, par retour, ou par cette forme de pardon qui, sous les dehors de l'indifférence, relève de trois principes vitaux : l'économie de rancune, l'humour protecteur et la gentillesse offensive. Car la bienveillance n'a rien d'une mièvrerie, c'est une

Présentez arme...

arme de guerre. On la prend souvent pour un signe de mollesse, alors que c'est elle qui, au contraire, a le pouvoir de ramollir l'arsenal de l'adversaire. La meilleure image qu'on puisse trouver pour illustrer son action est celle du Métomol, ce gaz de combat inventé par le comte de Champignac dans *Spirou et Fantasio*. À l'instar du Métomol, la bienveillance désarçonne l'ennemi et court-circuite la logique de guerre en liquéfiant les armes de poing, les lance-missiles et les blindés qu'elle transforme en flaques d'acier rosâtres. Contrairement aux bombes à la mode qui détruisent la vie humaine en respectant l'environnement, du moins en épargnant les infrastructures, la bienveillance préserve le combattant qu'elle désarme dans tous les sens du terme. Comment lutter contre un ennemi qui ne vous veut aucun mal ?

Nous verrons plus loin comment l'ONU a mis en pratique sur le terrain ce principe de déstabilisation, afin d'interrompre une guerre au Moyen-Orient. Dans l'immédiat, sur le plan personnel, intéressons-nous aux origines de cet état d'esprit dont j'ai pu mesurer, dès ma petite enfance, l'efficacité renversante.

2

La bienveillance : un don, une tare ou un choix

Qu'ai-je de plus que les autres ? Une grande chose en moins : la peur. Je suis né sans. Peut-être parce que je suis mort en venant au monde. J'ai poussé mon cri de bienvenue, et puis mon cœur s'est arrêté. L'obstétricien a mis plusieurs minutes à le faire repartir. L'accouchement avait duré trente heures, ma mère était subclaquante, on avait dû me sortir aux forceps, je m'étais étranglé avec mon cordon ombilical et j'avais survécu de justesse à cette forme de pendaison. Un faux départ qui m'apparaît aujourd'hui comme un beau cadeau d'arrivée.

Le cerveau ne fixant pas la mémoire des premières heures, je n'ai aucun souvenir de l'éventuel tunnel de lumière dans lequel je serais allé faire un petit tour. Mais *j'ai le profil*, me disent tous ceux qui ont fait une NDE (*near death experience*), cette excursion aux frontières du trépas qui les a radicalement transformés. Ayant revécu en accéléré leur vie, selon leur point de vue mais aussi celui des êtres qu'ils avaient aimés ou blessés, ils sont revenus à eux avec une conscience élargie, une empathie incoercible, une bienveillance à toute épreuve, et ils n'ont plus aucune peur de la mort – de la vie non plus,

La bienveillance : un don, une tare ou un choix

par voie de conséquence. Ils profitent de chaque instant, communient pleinement avec la nature, ressentent l'interconnexion de tout ce qui vit. À la manière des abeilles – image qui revient souvent dans leurs récits –, ils butinent les fleurs du présent, recueillant le pollen des unes pour ensemencer les autres et faisant provision de nectar pour fabriquer le miel qu'ils rapporteront dans l'au-delà, quand l'heure sera venue de retourner à la ruche.

J'ai ce *profil*, oui. Depuis toujours, sans avoir été conscient des circonstances qui m'ont laissé cette empreinte – ce « signe de reconnaissance » que perçoivent les rescapés du tunnel. Mais les effets sont là. Et, depuis qu'un médium m'a décrit en 2001 cet accident de naissance que ma mère, poussée dans ses retranchements, a fini par m'avouer, j'ai sans doute encore accru leur ampleur. Réfractaire aux consignes de sécurité, ignorant la peur inhibante, ne redoutant que la routine, les concessions, l'autocensure et l'encroûtage, je résiste à tout sauf à la tentation – pour reprendre la formule d'Oscar Wilde. En d'autres termes, j'érige la prise de risque en principe de précaution. Je pense que c'est assez flagrant dans mes choix de vie comme dans les composantes de mon œuvre. En témoignent également certaines de mes incapacités.

Ainsi, je n'ai jamais pu exercer de métier autre que la création sous ses différentes formes, refusant tous les postes de pouvoir qu'on a pu me proposer : critique littéraire, directeur éditorial, patron de la fiction sur des chaînes de télé, diplomate, président d'organismes attribuant des subventions... D'autres ont accepté, avec un parcours proche du mien, sans y perdre leur talent, ni leur temps, ni leur âme. Je n'ai pas cette agilité, ce sens du cloisonnement, cette forme de confiance. J'ai trop constaté autour de moi combien l'exercice du pouvoir fausse les rapports avec autrui, convertissant amis vagues ou adversaires discrets en courtisans assidus et, lorsque ce pouvoir est perdu, transformant les obligés en oublieux, les demandeurs comblés en ingrats sans vergogne, les flatteurs en flingueurs. Moi, au moins, personne ne se sent obligé de m'aimer, ni d'arrêter de m'encenser pour la raison que le vent tourne. La jalousie qu'il m'arrive d'inspirer ou l'allergie aux valeurs que je diffuse suffisent à me garantir une poignée d'ennemis sûrs, dont le fiel attendu souligne chez ceux qui m'apprécient une sincérité égale. Tout est bien – du moins rien n'est grave, et je n'ai pas à m'en préoccuper. Je ne soigne ni mon image ni ma communication, je délègue tout cela à des gens que j'espère compétents et je ne me consacre qu'à mon travail, mon plaisir et mes engagements humanitaires. Comme le conseillaient en des termes voisins Sacha Guitry, Jean Cocteau ou Boris Vian, la réaction la plus saine face aux gens qu'on agace est de s'employer à les exaspérer. N'étant pas toujours au courant, faute de temps et de curiosité, du mal qu'on me veut, je manque souvent à ce devoir d'hygiène. L'ironie de la bienveillance me porte alors à prier mes adversaires d'excuser ce défaut d'attention de ma part, qu'ils pourraient prendre pour du mépris. Ça n'a rien de personnel.

Aux confrères et consœurs moins équipés que moi en gaz Métomol, et que je sens blessés par des attaques cri-

La bienveillance : un don, une tare ou un choix

tiques, je rappelle toujours la réponse de Gustav Mahler à une dame du monde qui venait de lui confier avec une fierté navrée : « Eh bien moi, c'est affreux, je n'arrive pas à aimer Brahms. » Aimablement, le compositeur la rassura en ces termes : « Mais, madame, ça n'a aucune importance... »

*

Si la bienveillance est un don, ce n'est pas forcément un cadeau. Elle nous condamne souvent aux déceptions que seuls peuvent effacer de nouveaux élans vers des personnes qui, cette fois, se montreront peut-être à la hauteur de nos sentiments. Mais la vraie bienveillance n'est pas soumise à un retour sur investissement. C'est une tournure d'esprit qu'il nous appartient dès l'enfance, pour le meilleur et pour le pire, de valider ou pas, de développer ou non.

En ce qui me concerne, je pense qu'elle est davantage le fruit d'une série de modèles et de réflexions que celui d'un gène ou d'un principe moral. Un cran au-dessus de moi, on trouve le bienveillant systémique. Celui qui, détournant la célèbre phrase de Rousseau, prône que « l'homme naît naturellement mauvais », mais que « c'est la société qui le rend bon » – société non pas au sens d'entité socio-économique, mais de vie en collectivité, qui, si elle stimule chez certains les instincts d'ego, de domination ou de parasitage, renforcerait chez d'autres l'empathie, l'échange, l'élan protecteur.

Quoi qu'il en soit, la bienveillance est avant tout un outil de résistance face à la contagion des sentiments

La bienveillance est une arme absolue

négatifs. Dans des cas extrêmes où la loi du talion (œil pour œil, dent pour dent) apparaîtrait comme la seule réponse à l'ignominie, une réaction bienveillante peut même constituer, on va le voir, le meilleur moyen de rendre justice en obtenant réparation.

3

La bienveillance vengeresse

Il fut mon premier maître d'armes en bienveillance. Je dois presque tout à mon père, à sa nature joyeuse construite sur des drames précoces, à son imagination délirante, à son humour rigoureux, à ses provocations foutraques de redresseur de torts, à sa générosité mêlant pudeur, malice et brusquerie.

Un grave accident de voiture, l'année de ma naissance, lui avait causé une fêlure de la tête du fémur, non décelée à l'époque. Au fil du temps, sa jambe droite avait raccourci de quinze centimètres, lui causant de terribles douleurs d'arthrose qu'il dissimulait de son mieux par son dynamisme et sa fantaisie.

— Faire rire les autres est le meilleur moyen de dominer la souffrance, me dit-il un jour où je m'étais cassé le bras. Raconte-moi une blague.

Je n'avais pas attendu d'expérimenter la douleur pour en comprendre le mode de détournement. Dès mes premières années, l'énergie qu'il déployait en m'inventant chaque jour des histoires drôles, truffées de préceptes philosophiques, me servait de vitamine comme elle lui tenait lieu d'antalgique.

La bienveillance est une arme absolue

Il avait une phrase culte qu'il me répétait à tout bout de champ, le matin, quand il testait sur moi ses plaidoiries d'avocat en me donnant mes bouillies de bébé. C'était une citation de Jean Jaurès : « Si tu doutes de l'homme, pense à l'humanité. » Dès que je fus en âge de parler, j'en fis ma devise. Je la claironnais à tous les vents, très fier, mais avec un geste qui intriguait l'auditoire : je tendais l'index et le majeur, pouce levé, en repliant les deux autres doigts. Spontanément, j'avais pris ce cri du cœur pour un appel au meurtre : « Si tu doutes de l'homme : pan ! sale humanité. »

Le rire de mon père, lorsqu'il finit par décrypter cette interprétation toute personnelle de la pensée humaniste de Jaurès, était assorti d'une émotion étrange dans le regard. Il m'en a fourni la clé quelques années plus tard, en m'avouant qu'à treize ans, d'un coup de pistolet, il avait tué un homme. C'est, paradoxalement, la plus grande leçon de bienveillance qu'il m'ait jamais donnée.

Né dans le Nord en 1914 tandis que son père Eugène se faisait tuer dans les tranchées, le petit René souffrait de rachitisme et tomba paralysé dès ses premiers pas. Les médecins ne lui laissaient qu'un espoir de survie : le soleil. Alors, du jour au lendemain, sa grand-mère maternelle abandonna aux pillards son florissant commerce de Roubaix pour aller s'installer à Nice, prenant sous le bras la jeune veuve de dix-neuf ans et l'orphelin qui ressuscita grâce au climat.

Privés de ressources depuis que les bombardements allemands avaient détruit l'usine de briques réfractaires construite par Eugène, ils n'avaient d'autre espoir que le versement des dommages de guerre. Un notaire parisien, ami de la famille, les leur promettait depuis des années. En attendant, c'est mon père qui faisait bouillir la marmite, en fabriquant des voitures miniatures en bois qu'il vendait à l'école. Enfants et parents d'élèves s'arrachaient ses « René-Mobiles » grâce à une option qu'il était le seul fabricant de jouets à offrir dans les années 1920 : dès la nuit tombée, les phares s'allumaient. En fait, il attrapait des lucioles et grattait leurs ailes avec la pointe d'un couteau avant de les relâcher, puis il emprisonnait les particules de phosphore entre deux morceaux de verre qu'il collait au-dessus de la calandre.

Et puis, un jour, sa mère disparut sans crier gare. Au retour de l'école, il découvrit sur la table de salle à manger une lettre qu'elle avait reçue le matin, où le notaire parisien l'informait qu'elle devait finalement renoncer aux dommages de guerre. Avant de partir au combat, Eugène, sachant que les revenus de son usine garantiraient l'avenir de sa femme si jamais il se faisait tuer, avait eu en effet un geste de mansuétude envers son frère cadet, un flambeur de casino qui ne gagnait sa vie qu'en fonction du hasard. Pour le mettre à l'abri du besoin tout en espérant que les responsabilités qu'il lui confiait le sortiraient de sa léthargie de fêtard, il lui avait donné des parts dans son entreprise et lui en avait confié la direction en son absence. Du coup, se désolait le notaire, les dommages de guerre lui revenaient en tant qu'associé-gérant.

René chercha sa mère en vain dans tout Nice. À la gare, on finit par lui dire en fin de journée qu'une femme correspondant au signalement avait pris le train du matin pour

La bienveillance est une arme absolue

Paris, qu'elle avait eu à mi-parcours une crise de démence, déchirant ses vêtements et ses papiers, et qu'à l'arrivée on l'avait internée à l'hôpital de la Salpêtrière. Sa grand-mère quasi impotente ne pouvant faire le voyage, René partit seul pour la capitale, dans l'état qu'on imagine. Hébergé par des cousins montmartrois, il se rendit chaque jour au chevet de la pauvre Suzanne, qui, retrouvant peu à peu la raison, lui raconta ce qui avait provoqué son départ sur un coup de sang. Elle lui expliqua, preuves à l'appui, comment son notaire l'avait trahie au profit de son beau-frère, en laissant passer sciemment le délai de recours contre l'attribution indue des dommages de guerre.

Alors mon père, animé d'une détermination froide, se rendit à Pigalle dans un bar de truands. Il avait treize ans, on lui en donnait dix-sept. Posant sur le comptoir toutes ses économies – le chiffre d'affaires mensuel des René-Mobiles –, il déclara qu'il voulait acheter une arme. Le patron rafla les billets et l'emmena dans l'arrière-cuisine, d'où le gamin ressortit quelques minutes plus tard, délesté de sa fortune mais la poche gonflée par un pistolet de moyen calibre.

Et il alla sonner à la porte de maître B. La femme du notaire, informée du drame par les cousins montmartrois, l'accueillit avec empressement, tendresse et inquiétude : comment allait sa maman ?

— Je veux voir Étienne.

Devant la gravité de sa voix, elle imagina le pire et l'introduisit aussitôt dans le bureau de son mari. L'homme de loi leva de ses dossiers un visage aimable.

La bienveillance vengeresse

— René, mon lapin, comme tu as grandi ! On a des nouvelles de Suzanne ?

Mon père referma la porte, donna un tour de clé et se retourna vers lui. Oui, on avait des nouvelles. Elle était devenue folle à cause de lui, et il était venu le tuer. Cramponné de saisissement à son fauteuil, il vit le pistolet jaillir de la poche et se pointer vers son cœur.

— René, attends, c'est un malentendu !

Affectant un sang-froid que je devinais conforme à la précision glacée avec laquelle il me décrivait la scène, René lui répondit que non, il n'y avait pas de malentendu : sa mère lui avait raconté le détournement des dommages de guerre. Et son doigt pressa la détente.

L'ami de la famille poussa un hurlement en se tenant la poitrine à deux mains et s'écroula sur le tapis. Évanoui de peur. Le pistolet, lui, n'avait pas craché de balle. Pourtant, le vendeur l'avait chargé sous les yeux de l'acquéreur. En fait, devant un gamin à l'air aussi déterminé, le cafetier de Pigalle s'était révélé humain à défaut d'être honnête : il l'avait délibérément sauvé d'une inculpation pour meurtre en lui vendant à prix d'or une arme enrayée. C'était du moins, près d'un demi-siècle plus tard, la conclusion de mon père, fruit de cette lucidité entachée d'optimisme qui demeura toute sa vie le trait marquant de son caractère.

— Mon Dieu, René, que se passe-t-il ? criait Raymonde B. qui tambourinait à la porte.

— Demande-lui, répondit-il en sortant de la pièce.

Et, tandis qu'elle se précipitait au chevet de la victime, il s'en alla avec le sentiment d'avoir vengé sa mère tout en

La bienveillance est une arme absolue

étant devenu un assassin. Lui qui, plus tard, affirmerait si souvent dans ses plaidoiries en correctionnelle que nous ne sommes pas résumables à nos faits et gestes, il était intimement convaincu, depuis ce jour de ses treize ans, que le passage à l'acte nous implique bien davantage que ses effets réels. Tuer « à blanc », quand on a visé le cœur avec de vraies balles, c'est quand même tuer.

*

Le notaire s'abstint non seulement de porter plainte, mais encore de relater l'incident à quiconque, et il s'empressa de se faire oublier en transmettant à un confrère le dossier des dommages de guerre qui, des années après, finit par se régler au bénéfice de ma grand-mère.

Le crime virtuel resta secret. Si René n'eut à subir d'autres conséquences que les remous de sa conscience, la vie, qui souvent repasse les plats, lui offrit dix ans plus tard une étonnante revanche en forme de tentation. Jeune avocat à peine installé dans le Vieux-Nice, il reçut à son cabinet un appel de la femme qu'il avait failli rendre veuve. En vacances sur la Côte d'Azur comme chaque été avec son époux, elle lui demandait un rendez-vous d'urgence.

Il la reçut, un peu fraîchement. Madame B. éclata en sanglots dans ses bras. Elle lui avoua que son mariage avait toujours été un enfer, et que ses malheurs conjugaux l'avaient rendue kleptomane. Elle venait de se faire prendre en flagrant délit aux Galeries Lafayette. Le magasin avait porté plainte pour vol et, si son mari

La bienveillance vengeresse

l'apprenait, elle était sûre qu'il la tuerait pour étouffer le scandale avant de retourner l'arme contre lui. Il avait un tel sens de l'honneur, ajouta-t-elle en oubliant à qui elle parlait.

Mon père la regarda pleurer. Une deuxième fois, il tenait entre ses mains la vie du salaud qui avait trahi sa mère. Il accepta de s'occuper de l'affaire, réussit à faire retirer la plainte à l'encontre de la kleptomane, et le notaire n'en sut jamais rien.

J'entends encore sa conclusion résonner dans mes oreilles de gamin, avec ce mélange de lyrisme et de simplicité qui reflétait le fond de son âme : « La vengeance est un plat qui se mange froid. Moi je l'ai réchauffé, et je n'y ai pas touché. »

Ainsi la rancune la plus légitime peut-elle être soluble dans la bienveillance. Plus qu'un pardon passif, le bien qu'on fait en réponse au mal est une arme défensive, un détergent moral qui élimine avec bonheur les toxines de la haine. C'est sans doute le seul vrai moyen de reprendre le pouvoir sur le souvenir des trahisons subies. De rester soi-même en se lavant du péché d'autrui.

4

Sadisme et bienveillance

Au même âge que mon père, j'ai tué un homme, moi aussi. Mais avec une arme qui ne s'est pas enrayée : un stylo.

Depuis l'école primaire, la langue française est mon outil de défense contre les agressions, les émotions trop fortes, la bêtise ambiante, l'injustice en place. Façonner une phrase est pour moi la plus efficace des fortifications. Le temps s'arrête pour me donner le loisir de trouver le mot juste, la structure adéquate. Le bruit du monde s'interrompt quand je compose la musique intérieure d'un paragraphe, les vibrations d'une image, d'une ambiance, d'un ressenti que je m'efforce de transmettre. Je bâtis des univers parallèles au milieu des ruines, je me reconstruis au fil des pages. En essayant de rendre l'époque un peu plus respirable.

Dès que j'ai appris à écrire, j'ai compris que les mots seraient mes alliés pour la vie. Ils me permettraient de raconter des histoires comme mon père, mais sur le papier, en touchant ainsi des inconnus à l'autre bout du pays. Je les ferais rêver, sourire, trembler, et en plus ça me rapporterait de l'argent. Pourquoi faire autre chose dans la vie ? Il suffirait de trouver un éditeur, et mon âge

Sadisme et bienveillance

me paraissait un argument choc sur le plan publicitaire. Mais la chose la plus importante que m'offraient les mots, outre la perspective d'un destin de rêve, c'était le pouvoir qu'ils me redonnaient sur la réalité.

Je venais d'entrer au collège quand j'ai commis mon premier assassinat par bienveillance – sans me douter que cet acte, loin d'être inspiré par un tel sentiment, en produirait les effets à court terme. La victime de mon crime, ou plutôt de mes crimes en série perpétrés avec d'infinies variantes, s'appelait Pirelli. Avec son nom de pneu, son physique de gonflette et sa mine de pompes funèbres, c'était un de ces tortionnaires minutieux qui sévissent parfois en toute impunité dans le cadre de l'Éducation nationale. Prof de gym, il m'avait pris dès le deuxième trimestre comme souffre-douleur, pour une question de mise en pages. C'était du moins la seule explication logique que j'avais trouvée à son hostilité aussi soudaine qu'obsessionnelle : ma première œuvre publiée, un feuilleton dans le journal du collège, occupait désormais la une, remplaçant les conseils de musculation signés Tony Pirelli que j'avais involontairement relégués en page 3.

Du coup, son passe-temps favori était de m'humilier devant mes condisciples, tantôt par le biais de mon patronyme qui sentait l'histoire belge, tantôt par ma disgrâce physique – un problème de dépigmentation qui, à l'époque, partageait mon visage en zones rouges et taches blanches. Me baptisant suivant les jours « Face de frite » ou « Pizza Marguerite », il aggravait mon ridicule par le constat de ma nullité dans les sports collectifs. Comme,

La bienveillance est une arme absolue

en revanche, j'étais le plus fort au grimper à la corde et en course d'endurance, il me cantonnait au sprint et au saut en hauteur, afin de moquer mes piètres résultats en me traitant d'« intello de mes deux ». Ou alors il déclenchait l'hilarité générale en beuglant : « Victor Hugo, sur la touche ! »

Rentré chez moi, je débouchais mon stylo pour lui régler son compte. Le surnommant « Tête de pneu », je faisais de lui un personnage récurrent de tueur à gages victime de la guerre des gangs. Je lui mitonnais d'exquis supplices à base d'énucléation, d'oursins glissés dans le slip, de grenades à fragmentation introduites en suppositoire ou d'élagage méthodique à la tronçonneuse. Et, pour mieux assouvir dans la durée mes pulsions vengeresses, je l'avais rendu immortel façon *Highlander*, condamné à renaître de ses cendres, de ses bouillies d'organes, de ses pièces détachées, pour affronter des agonies toujours plus spectaculaires et infamantes. En feuilletant l'un des manuscrits conservés au grenier dans mes archives de môme, je suis tombé l'autre jour sur une fin de chapitre particulièrement gouleyante, où je l'avais projeté d'un quarantième étage sur une voie ferrée, juste avant le passage d'un train. « Du tueur Pirelli, écrivais-je, il ne restait plus que quelques morceaux de chairs baignant dans une mare de sang : on aurait dit un mélange de hachis parmentier et de poires au vin. »

Quand le supplicié reconstitué me harcelait sur le terrain de sport, je gloussais malgré moi au souvenir des sévices que je lui avais infligés. Il prenait mon sourire pour une bravade, un défi public qui ne manquait pas

Sadisme et bienveillance

d'alimenter son hystérie à mon égard et, par voie de conséquence, la gradation dans les tortures que je lui concoctais à titre de représailles.

Un jour où, sur le banc de touche où il m'avait exilé comme à l'accoutumée, je prenais en notes dans mon carnet sa prochaine agonie, tout absorbé par les hurlements que je lui faisais pousser tandis que son corps effervescent, sous l'effet de l'acide chlorhydrique, se décomposait tel un cachet d'aspirine, il me siffla dessus jusqu'à ce que je revienne à la réalité :

— Dis donc, Victor Hugo, puisque t'as l'air de tellement t'amuser, fais-nous profiter. On t'écoute.

Les yeux soutenant son regard goguenard et les orteils recroquevillés dans mes baskets, je n'essayai même pas de me dérober devant l'exécution en place publique à laquelle il venait de se condamner, sans le savoir. Je revins deux pages en arrière, pour resituer le martyre dans son contexte. Et, le cœur battant le tocsin, je signai à voix haute son arrêt de mort.

Un silence de plus en plus épais accompagnait la description du trépas. Conscient des foudres et des sanctions qui allaient s'abattre sur moi, je ne dirais pas que je prenais mon pied, mais je mettais le ton. Autant finir en beauté, assumer la provocation et placer, pour une fois, les rieurs de mon côté. Mais il n'y eut aucun rire. Je venais de conclure : « Hurlant en silence sous le sparadrap qui le bâillonnait, le tueur Pirelli regarda ses jambes se décomposer dans un *pschiitt* abominable, des pieds jusqu'aux cuisses, puis il vit son zizi ramollir et disparaître sous forme de bulles blanchâtres, alors son cœur lâcha et il rendit son âme au diable, qui la renvoya sur terre encore une fois, histoire de prolonger son enfer de corps en corps. »

Le souffle en suspens, toute la classe fixait le tueur assassiné qui m'écoutait bouche bée, immobile dans son survêtement turquoise à bandes noires. Alors, se produisit l'inimaginable. Une larme coula sur la joue du prof de gym, puis une autre, tandis qu'il me contemplait en hochant la tête avec une amorce de sourire.

— Allez, on reprend ! dit-il après s'être tourné vers les autres.

Et il termina l'entraînement de foot jusqu'à la sonnerie de midi. Au vestiaire, il me retint, me fit signe de m'asseoir, et il attendit que tous les élèves soient sortis pour se mettre à califourchon sur un tabouret en face de moi. J'attendais son verdict, sa sentence. Il se contenta de me demander :

— Tu as déjà écrit des trucs comme ça sur un autre prof ?

Désarçonné par son ton de gravité attentive, je renonçai à cette éventuelle circonstance atténuante en lui avouant que non : il était le premier. Il déglutit, baissa les yeux. Puis il se leva en murmurant « merci », et sortit. Plus jamais il ne me harcela de ses moqueries, plus jamais il ne me désigna à la raillerie générale. J'étais devenu transparent, et plutôt bien noté dans ses appréciations sur les bulletins trimestriels. De loin en loin, il me glissait sur le terrain ou dans le vestiaire :

— Alors, bonhomme, mon personnage va bien ? Il a encore ressuscité ?

Sadisme et bienveillance

Je percevais une telle attente dans sa voix que j'acquiesçais d'un air modeste. En réalité, n'ayant plus rien à compenser depuis qu'il avait fini de me pourrir la réalité, je consacrais dorénavant mes fictions à des héros plus intéressants que lui. Mais il y avait une timidité si implorante dans sa manière de me demander à mi-voix, quand il s'arrangeait pour être seul avec moi : « Tu veux bien m'en lire encore un peu ? » que je me sentais obligé de fournir.

Au départ, je lui ai servi les précédents passages qu'il m'avait inspirés avant de me prendre en flagrant délit. Et puis, à l'épuisement de mon stock, j'ai dû faire du neuf. Mais le cœur n'y était plus. Je devais me forcer à le haïr lorsque mon stylo-bille le découpait à la tronçonneuse ou au rayon laser, histoire de ne pas bâcler le travail, de demeurer sincère et conforme à ce qu'il attendait de mon imaginaire.

Jusqu'aux vacances d'été, il m'a donné rendez-vous une fois par mois dans le vestiaire du gymnase, après le cours d'EPS, pour que je lui livre sa dose. Devenu dealer en tortures manuscrites, on aurait pu en déduire que j'assouvissais par ma littérature *gore* ses penchants sadomaso. La réalité était plus subtile. Je ne la découvrirais que huit ans plus tard, dans la librairie niçoise où je dédicaçais mon premier roman publié par les éditions du Seuil.

— « Pour le tueur Pirelli », me dicta-t-il fièrement en me tendant son exemplaire de *Vingt ans et des poussières*. Je ne l'aurais pas reconnu, en costume-cravate et fauteuil roulant, vingt kilos de plus, une jambe dans le plâtre et une boîte de fruits confits sur les genoux. Abrégeant

La bienveillance est une arme absolue

ma gêne et les questions de circonstances, il désigna le livre ouvert au-dessus duquel mon stylo demeurait en suspens. De nombreuses pages cornées, du début à la fin, laissaient entendre qu'il l'avait déjà lu.

— Je n'y suis pas, me lança-t-il d'un ton de reproche.

Je m'entendis répondre que j'étais désolé. Il balaya le commentaire d'un revers de main, puis m'offrit les fruits confits en murmurant :

— N'empêche que, sans le savoir, tu m'as sauvé la vie, à l'époque.

Et il me raconta le drame qui, jadis, l'avait conduit au bord du suicide. L'année où je l'avais eu pour prof, il venait de perdre dans un accident de voiture son gamin qui, comme moi, rêvait d'être connu en tant qu'artiste. Le petit Gabriel était un surdoué du violon, il travaillait tout le temps, il n'était pas de son âge, c'était la risée de la cour de récréation et il s'enfermait dans une bulle de rêve en attendant le jour où, plus jeune soliste de France, ses ex-bourreaux viendraient l'applaudir en se vantant de l'avoir connu enfant. Lorsqu'il m'avait découvert à la rentrée 73, Pirelli n'avait pas supporté mon profil. Je lui rappelais trop ce vilain petit canard qui n'avait pas eu le temps de devenir un cygne. Alors, pour éviter la surimpression, il m'avait pris comme tête de Turc. Et puis, c'était un service à rendre aux petits précoces, pensait-il, d'essayer de les remettre au niveau des autres pour qu'ils soient acceptés malgré leur différence. Quelque part aussi, sans doute, avec mon feuilleton mis en vedette dans le journal, il m'en voulait de briller à la place de son môme qui, lui, avait emporté ses rêves dans sa tombe. Mais ça ne l'empêchait

Sadisme et bienveillance

pas de souffrir des injustices qu'il me faisait subir. Alors, quand il avait découvert la manière dont je le traitais dans mes livres, il s'était senti absous du harcèlement moral qu'il avait cru nécessaire de m'infliger, pour son équilibre et le mien. Et, d'une certaine manière, toute la palette d'assassinats que je commettais sur sa personne avait désactivé son envie de se tuer. Quelqu'un le faisait pour lui.

Je suis resté sans voix. Un regard reconnaissant, j'ai vraiment su ce que c'était, ce jour-là, dans les yeux de cet ancien tortionnaire que j'avais réparé à mon insu en lui rendant par écrit la monnaie de sa haine. Plus que de la gratitude, il y avait entre nous, issue des blessures initiales, cette connivence créée par la lucidité, l'empathie et l'estime qui demeure à mes yeux la meilleure définition de la bienveillance.

À ma façon, trois ans après ces confidences, j'ai redonné vie à son fils. Du moins, je lui ai offert des prolongations : dans mon roman *Les Vacances du fantôme*, un petit Gabriel menait à douze ans une carrière de chef d'orchestre prodige. L'ancien tueur-martyr de mon adolescence m'a alors adressé une lettre bouleversante. Le simple recyclage du prénom et du rêve inabouti de son gamin, autrement dit le surcroît d'existence que je lui offrais dans l'esprit de mes lecteurs, lui apparaissait comme le plus beau des hommages. « Je peux mourir en paix ; le petit me survivra », concluait Tony Pirelli.

Quand, huit ans plus tard, j'ai reçu le prix Goncourt, sa veuve m'a envoyé une boîte de fruits confits à sa mémoire.

5

La bienveillance est un plaisir solitaire

Malgré l'intense satisfaction qu'elle me procura durant des mois, ma période sadique s'interrompit en classe de cinquième. Renouant avec mes premières armes, je recommençai à me fournir en bienveillance dans l'arsenal de mon père.
Bien avant le récit de son assassinat virtuel du notaire parisien, il m'avait administré çà et là d'autres leçons discrètes qui n'étaient pas restées lettres mortes. Je me souviens d'un jour où, sous les arcades de la place Masséna, nous étions passés devant un aveugle à lunettes noires, assis en tailleur devant une soucoupe. Autour du cou, il portait une affichette en carton accrochée de traviole : « *Pour mangé, merci.* »

— Corrige, me glissa papa en s'arrêtant pour me tendre un stylo. Il ne faut pas que les gens se moquent.

Docile, je m'accroupis pour rétablir l'infinitif sur le bout de carton. Puis je lui rendis son stylo, et il me donna trois pièces de cinq francs que je déposai dans la soucoupe du nécessiteux.

— Pourquoi tu ne lui as pas souri ? me reprocha-t-il en repartant.

La bienveillance est un plaisir solitaire

— Mais, papa... il est aveugle.
— Oui, mais si c'est un faux aveugle ?

La question me fit marrer et rougir en même temps. Aussitôt, je revins sur mes pas pour adresser au mendiant un sourire de connivence, qui ne déclencha aucune réaction de sa part.

Bien des années plus tard, je découvris au hasard de mes lectures que mon père avait calqué son attitude sur celle de Lucien Guitry, telle que la racontait son fils Sacha dans *Si j'ai bonne mémoire*. Attitude qui avait eu sur moi le même effet : remise en question des repères sociaux traditionnels, de la bonne conscience automatique et des règles de morale au profit d'une délicatesse de cœur fondée sur l'humour empathique. Le sentiment gratifiant de la générosité s'y trouvait amplifié par la fierté mutine de se faire avoir, éventuellement, en connaissance de cause. Oui, la bienveillance est *aussi* un plaisir solitaire. Une arme de dérision massive. Aujourd'hui encore, au spectacle du mal que se donnent parfois certains solliciteurs pour m'arnaquer, j'éprouve en entrant dans leur jeu bien plus de curiosité malicieuse que d'abnégation maso. En fait, je ne leur « fais pas la charité », expression que je déteste ; je rétribue leur prestation. Passer pour un pigeon aux yeux d'un renard est une satisfaction de gourmet. Non dépourvue d'ailleurs d'une certaine forme d'altruisme : quand je finis par laisser entrevoir à l'enfumeur que je n'étais pas dupe, la prise de conscience peut toujours lui être profitable, s'il le souhaite. Et sinon, tant pis. « Fais le bien et jette-le dans la mer », disait Homère.

La bienveillance est une arme absolue

*

Cela étant, mon apprentissage de la bienveillance ne s'est pas limité à la reproduction de l'exemple. Mon père m'a sans doute même davantage appris en me faisant mal qu'en m'enseignant sa conception du bien. Même si sa dureté à mon égard ne s'exerçait qu'à dose homéopathique : les rares fois où il me blessait, c'était pendant les vacances. Ces trois séjours annuels sur la colline de Tresserve, au-dessus d'Aix-les-Bains, étaient les moments phares de sa vie. Au soulagement physique que lui apportaient les cures thermales s'ajoutait le bonheur de retrouver les enfants de son premier mariage, mes demi-frères et sœur que leurs études et leur profession avaient éloignés de lui géographiquement. C'étaient les seules circonstances où je perdais mon statut de fils unique, où je cessais d'avoir papa à moi tout seul pour le partager avec ces jeunes adultes qui lui donnaient le même vocable. Il me prévenait, à chaque fois :

— Ne le prends pas mal si je fais semblant de moins t'aimer.

Je comprenais très bien. Moi qui profitais de lui toute l'année, je trouvais normal de me sacrifier quelques semaines, de me laisser reléguer dans l'ombre pour qu'il soit tout entier à ses autres enfants. Ça rééquilibrait. Dès lors qu'il m'avait expliqué les raisons du changement d'attitude qui allait distendre nos liens, dès lors qu'il m'avait prouvé sa confiance en me préparant aux injustices et aux moqueries qu'il risquait de me faire subir dans l'élan de leurs retrouvailles, je me sentais paradoxalement grandi,

La bienveillance est un plaisir solitaire

flatté par ce désamour de façade. Sa comédie du détachement me le rendait plus proche encore. Ma mère, elle, se retranchait derrière ses fourneaux où elle cuisinait pour douze avec son autorité de cantinière maniaque, et tout allait bien pour elle dès lors qu'on finissait nos assiettes – comme si elle avait à cœur de mettre en veilleuse ses prérogatives d'épouse et de mère en n'étant plus qu'un cordon-bleu pour collectivité.

C'est là, dans cette vieille maison emplie des braillements de mes neveux et nièces que, moi qui aimais tant le silence, j'ai découvert que la bienveillance est aussi la plus douce des armures. Voir recomposée cette famille d'avant moi, dont je me dissociais avec fierté en tant que « pièce rapportée », me permettait de m'isoler sans remords dans mon grenier d'écriture, ou bien de prélever à mes aînés leurs enfants à titre de dommages et intérêts, pour en faire les personnages des courts-métrages en Super 8 que je tournais dans le jardin.

Moyennant quoi, lorsque Claude, Catherine et Thierry repartaient avec leurs conjoints et mes acteurs, je souffrais amèrement d'être privé d'eux. La solitude ne me pesait que lorsque je la retrouvais. J'étais bien dans ma peau d'apparent fils unique, mais j'avais mal pour eux à travers les nostalgies de leur père qui les avait si peu vus grandir. Et qui les aimait tant que, lorsqu'ils s'en allaient, ma présence ne parvenait pas à combler le vide.

Néanmoins, la saine gestion de mon statut de figurant des vacances ne m'empêchait pas d'éprouver les effets d'une jalousie pernicieuse : en plaisantant avec ses « grands », papa semblait dominer ses souffrances et son handicap avec une énergie supérieure à celle que je lui offrais en reprenant le flambeau de son imaginaire. Il m'arrivait de pleurer en cachette quand je les entendais rire sans moi. Comme ce jour d'été où, incapable d'écrire à cause de leurs nuisances sonores, j'avais décidé de marquer mon territoire d'une autre manière, par un travail d'adulte encore plus périlleux que la littérature : tailler la haie qui séparait notre petit jardin du parc immense de la propriété en contrebas. Cette initiative allait provoquer la rencontre la plus importante de ma jeune vie.

— Vous évitez de faire tomber vos branches de thuyas de mon côté, merci, beugla de loin la voisine en fonçant vers notre clôture.

Elle s'arrêta d'un coup en découvrant que le jardinier indélicat était un môme vacillant en haut de son escabeau, qui purgeait son chagrin en cisaillant comme un forcené.

— Si tu tailles aussi bas, tu vas les faire crever, me lança-t-elle sans transition, sur un ton aussi peu aimable.

Loin de m'intimider, la vieille dame en pantalon à carreaux, avec sa longue tête de cheval encadrée d'une permanente noire écrasée du côté droit, déclencha immédiatement une intense envie de conquête. Je savais qui elle était : la veuve de Daniel-Rops, né Henri Petiot, un écrivain de l'Académie française qui avait donné son nom à la place du village. Aussi, lorsqu'elle vit les larmes que j'essayais d'endiguer à coups de lames et qu'elle me demanda pourquoi je pleurais, je répondis spontanément :

— Parce que j'écris des choses tristes.

La bienveillance est un plaisir solitaire

Elle me dévisagea du même regard qui avait toisé les chutes de thuyas sur son parterre de violettes. Puis elle me demanda la nature de ces écrits. J'évoquai mon roman en panne à cause du bruit que faisait la famille. Cette réponse déclencha alors une réaction magique. D'un demi-sourire assorti d'un coup de tête, elle me dit :
— Viens.
Je posai la cisaille et je fis le mur, me faufilant par un trou du grillage à l'extrémité de la haie. Elle me prit la main et, comme si on s'était toujours connus, m'entraîna jusqu'au pavillon d'écriture de Daniel-Rops. Un vieux bungalow en arcades à l'écart du château, où, derrière des milliers de livres alignés jusqu'au plafond, une table de monastère partageait l'espace avec des carapaces de tortues géantes. Tout était resté en l'état, depuis sa mort : du chandail mité pendu à l'accoudoir du vieux fauteuil en cuir jusqu'au monumental stylo Parker posé au bas de la dernière phrase qu'il avait commencée.
— Ne touche pas à ses affaires, me dit-elle d'un ton neutre, mais tu peux écrire autour. Il y a du papier et des Bic dans le tiroir.
Et elle me laissa seul. Pantelant d'émotion, je repris mon souffle et me sentis envahi peu à peu par les énergies en sommeil dans le fabuleux bureau. Cette vieille inconnue au physique de fée Carabosse m'avait installé sans crier gare dans mon fantasme vivant. Évidemment, je m'empressai de lui désobéir. Assis au centre du fauteuil de l'académicien, son stylo dans la bouche, son chandail sur les épaules, le coude posé au bas de sa dernière page et un doigt sur la tempe, je cherchais l'inspiration en regardant

La bienveillance est une arme absolue

le parc semé de statues qui descendait en pente douce vers le lac du Bourget. Et je me mis à imaginer la mort de mon cher confrère, poursuivi par la malédiction posthume d'une des tortues qu'il avait transformées en bibelots.

De loin en loin, grisé par ma présence dans cette dépendance de château – l'équivalent adulte de ma cabane d'enfant au bout du jardin –, je tournais un regard revanchard vers la modeste maison voisine où mon père se passait de moi au milieu de son autre famille. J'étouffais de bonheur. Chez cet écrivain aussi illustre en son temps que promptement oublié, j'étais dans mes rêves comme on est dans ses meubles. Sa veuve venait de me faire le plus cadeau du monde : un logement de fonction.

Mais l'enchantement se dissipa au bout d'un moment sous les cris de plus en plus pressants qui fissuraient ma concentration. « Didier, où tu es ? » Aussi importunée que moi par ces piaillements affolés, Madeleine Rops vint me chercher pour me reconduire à la frontière.

— Il est là ! beugla-t-elle par-dessus les cris parentaux.

Sur la pointe des pieds, la tête ahurie dépassant à peine du créneau cisaillé que j'avais ouvert dans la haie, ils crurent que je m'étais introduit par effraction chez la voisine.

— Nous sommes terriblement désolés, madame, lança ma mère avec la courtoisie mondaine qu'elle opposait à toute forme d'hostilité, je ne comprends pas ce qui lui a pris...

— C'est moi, coupa ma logeuse d'un ton sec. Je lui ai prêté le bureau d'Henri pour qu'il arrête de massacrer les thuyas.

La bienveillance est un plaisir solitaire

La stupeur provoqua cinq secondes de silence de l'autre côté de la clôture.

— Mais enfin, madame, intervint mon père en prenant soudain sa voix de tribunal, nous étions morts d'inquiétude...

Alors, face au reproche implicite, la détourneuse de mineur le remit à sa place d'une répartie cinglante :

— Quand on a un écrivain à domicile, on se tait, ou alors il ne faut pas s'étonner qu'il se taille.

Mes parents restèrent bouche bée. Et elle tourna les talons après m'avoir dit que je pouvais revenir quand je voulais : je connaissais le chemin. Je vis alors sur le visage de mon père une crispation qui m'emplit de fierté : il était jaloux. Jaloux de cette femme de lettres par alliance qui, spontanément, validait mes ambitions romanesques qu'il était seul jusqu'alors à encourager. Jaloux de cette étrangère qui venait de le supplanter dans son rôle de coach. Jaloux comme un amateur en présence d'une pro. Et il se sentait coupable, en même temps, j'imagine... Il ne pouvait s'en prendre qu'à lui-même : c'est son apparent détachement à mon égard qui avait indirectement déclenché la bienveillance cassante de la vieille dame.

Un jour sur deux, comme un enfant de divorcés qui se partage, j'allais écrire « chez Henri », comme je disais, tout fier d'honorer sa mémoire dans les yeux de sa veuve en réactivant sa table de travail. Les doigts tachés par l'encre de son stylo, j'avais l'impression qu'il écrivait avec moi. Le bonheur de ces moments de labeur solitaire « à deux mains » demeure l'un des plus exaltants de ma vie. Et comme étaient douces ces soirées où, quittant mon bureau d'académicien à l'heure du dîner, je retournais dans ma famille jouer à être un enfant comme les autres...

Aux vacances suivantes, j'offris à Madeleine, en échange de son hospitalité, un exemplaire dédicacé de mon manuscrit dactylographié, *La Poule aux œufs d'or*, un roman sur l'assassinat d'une gentille millionnaire par ses neveux et nièces. Elle le lut en une nuit. Son verdict fut aussi brutal que prometteur : « Ce n'est pas ma tasse de thé, mais ça plaira. »

Je lui objectai que j'en étais à trois refus d'éditeur : Gallimard, Flammarion et Julliard.

— Je m'en occupe, trancha-t-elle. Tu as d'autres copies ?

— Je vais demander à ma secrétaire.

Cette réponse énoncée d'un ton détaché n'eut pas l'air de la surprendre dans la bouche d'un enfant. J'exploitais en fait, depuis six mois, la secrétaire de mon père, madame Vandromme, une femme austère au cœur tendre qui me tapait en cachette des centaines de pages, et que j'engueulais sans vergogne quand elle corrigeait mes jeux de mots en « bon français ». Malgré mes récriminations, elle dactylographiait, pour coûter moins cher au cabinet d'avocat, mes chapitres au verso d'anciens jugements du tribunal de Nice, sans marges ni double interligne, ce qui ne laissait aucune place pour mes corrections. Mais, du jour où mon père découvrit notre secret, elle prit un malin plaisir à faire passer les exigences de son employeur après celles de son petit négrier.

— Madame Vandromme, vous me tapez en urgence ces conclusions, merci.

— Un instant, maître, je finis le chapitre de Didier.

La bienveillance est un plaisir solitaire

Se soustrayant avec une joie mutine au jargon juridique pour s'immerger dans mon imagination tordue, elle me tapa bénévolement durant dix ans une douzaine de manuscrits, jusqu'à ce que mon père excédé lui achète une nouvelle machine à écrire pour me refiler l'ancienne en ces termes :
— Maintenant que tu es majeur, tu voles de tes propres touches, merci.
Ma secrétaire d'enfance a pris sa retraite bien avant que je sois publié. Jusqu'à son décès, je lui ai dédicacé rituellement, avant parution, le premier exemplaire de chaque livre qui avait vu le jour sans sa force de frappe. Elle répondait par des lettres de félicitations que, dans un réflexe déontologique, elle adressait à mon père.
L'été de mes huit ans, donc, grâce à la bienveillance de ma dactylo de l'ombre, Madeleine Rops entreprit d'envoyer les copies de mon manuscrit aux éditeurs de son mari, accompagnées de lettres de recommandation comminatoires (« Vous tenez là un génie précoce que tout le monde va s'arracher, ce serait une vraie stupidité de le laisser filer ») - lettres qui ne reçurent jamais aucune réponse.
— C'est ma faute, me consola-t-elle. Ils ont tellement joué les carpettes devant moi pour faire plaisir à Henri que, depuis, ils me snobent et ils se vengent. Mais réjouis-toi : si tu n'avais pas de talent, ils ne se gêneraient pas pour me le faire remarquer.
L'effet revigorant de ces paroles décupla l'affection que j'éprouvais pour cette mal-aimée. Au village aussi, Madeleine Rops avait une réputation épouvantable. Toujours attifée comme une pauvresse et roulant à

La bienveillance est une arme absolue

tombeau ouvert dans une vieille R8 rafistolée, parlant en style charretier et faisant dérailler la chorale de la messe en chantant aussi fort que faux, n'acceptant aucun dîner de notables et n'invitant personne, elle ne « tenait pas son rang », disaient les gens. Une offense vivante à la mémoire de l'académicien. Quand on a son nom sur une plaque municipale, on se doit de lui faire honneur. La voir s'enticher d'un gosse étranger, qu'elle emmenait déjeuner à l'auberge de l'Église en le présentant comme un futur prix Goncourt avec qui elle entonnait du Brassens à tue-tête, ne fit qu'aggraver son cas – et c'était sans doute le but. J'étais un moyen de plus d'alimenter l'animosité générale dont, lasse des flagorneries subies à Paris du vivant de son mari, elle se délectait dans son coin de Savoie. Depuis que l'ingratitude de ses obligés avait succédé à leur empressement, la provocation était son seul remède contre la solitude. Sa bienveillance combative à mon égard, son parrainage démesuré étaient sans doute *aussi* un prétexte pour régler de vieux comptes avec ce milieu littéraire qui l'avait enterrée en même temps que son époux. Ma vocation lui fournissait l'opportunité de les emmerder une dernière fois.

Quoi qu'il en soit, je vécus grâce à ma « relation de vacances », comme elle se qualifiait dans ses lettres de recommandation, quatre années d'enchantement intermittent dans la résidence d'écrivain qu'elle mettait à ma disposition. Sans compter les lettres que je recevais en classe de neige sous l'enveloppe « Académie française » – le stock de son époux qu'elle avait conservé, grâce à quoi je pus draguer les monitrices en leur faisant

La bienveillance est un plaisir solitaire

croire que je me présentais à l'Académie dans la section junior.

Quand, aujourd'hui encore, plus de quarante ans après sa disparition, je parle de Madeleine Rops aux quelques confrères qui l'ont connue, ils gardent d'elle l'image d'une veuve revêche, pingre et sans humour – celle qui s'était vexée le jour où François Mauriac, touchant le somptueux vison que lui avait offert son époux grâce aux ventes record d'*Histoire de l'Église du Christ*, s'était exclamé : « Doux Jésus ! »

Lorsque j'évoque son incroyable générosité à l'égard du gamin que j'étais, les témoins du temps de sa gloire pensent que j'enjolive. Je semble avoir été le seul bénéficiaire de sa bienveillance. Le seul, du moins, qui s'en souvienne et le raconte. C'est sans doute pour cela que, sous une forme ou une autre, elle revient si souvent dans mes fictions. La Clémence de *L'Orange amère*, c'est elle. Comme Cyclamen Jacob dans *Un objet en souffrance*, Edmée Lamart dans *La Demi-pensionnaire*, Madame Voisin dans *Le Principe de Pauline*... Son dernier avatar en date est la Madeleine Larmor-Pleuben qui bouleverse la vie du héros de *La Personne de confiance*. Que son intérêt pour moi fût sincère ou légèrement opportuniste, la veuve de Daniel-Rops est la première adulte qui, en dehors de mon père, m'ait traité à huit ans comme un romancier en puissance, et j'éprouve chaque fois le même plaisir à la retransformer en personnage.

6

Prestige de la bienveillance

C'est dans l'élan de ces vacances magiques où une vieille fée s'était penchée sur mon destin que j'ai commencé à pratiquer, en dehors du cercle familial, la bienveillance active.

À l'époque, l'école était un cauchemar. Si j'étais durant les congés un bourreau de travail, je servais de victime le restant de l'année. Préfigurant le harcèlement futur exercé par Tony Pirelli, les petits Niçois du primaire m'avaient sélectionné comme souffre-douleur, à cause de ma tête de pizza et de mon nom flamand qui, prononcé à la *nissarte* – « Caoléverté » – signifiait « chou vert ».

Il faut dire que je ne faisais rien pour couper court au racisme en herbe qui croissait dans la cour de récréation. Au lieu d'essayer de faire couleur locale pour qu'on m'oublie, j'en rajoutais dans la provoc. J'accentuais ma différence exotique en répondant à leurs insultes en flamand, et je soulignais mon statut d'écrivain exilé en milieu scolaire sous la forme d'un attaché-case Samsonite que je m'étais fait offrir à Noël, afin de me démarquer des cartables et sacs à bretelles dans lesquels les autres glissaient leurs accessoires. Moi, en plus des trousses, des cahiers et des manuels, je transportais dans un compartiment secret mon manuscrit. Par leur seule présence, les feuilles volantes de mon roman en cours me donnaient des ailes, au milieu de la pesanteur hostile de ces crétins de basse-cour.

La petite mallette en cuir était assortie d'un blazer du style John Steed dans *Chapeau melon et bottes de cuir*, l'idéal masculin de mon enfance. Look de haut vol qui me projetait loin dans l'avenir, hors de portée des persécuteurs en culottes courtes. Souffrant en silence d'une incompréhension générale que je m'efforçais de décréter provisoire, je bravais les quolibets avec des airs de futur maître du monde. Volontairement décalé pour affirmer ma vocation de peur qu'elle ne s'étiole, je complétais ainsi les apparences du romancier par celles d'un petit homme d'affaires. J'étais surtout ridicule. Ce qui importait, c'était de *tenir* : tous mes efforts de non-intégration sociale visaient à convertir, à la longue, ce ridicule en source de respect.

C'était loin d'être gagné, mais j'avais un allié. M. Poletti, l'instituteur. Les cours de l'école communale, à l'époque, commençaient par une leçon de civisme, un « fait moral » que les élèves étaient invités à raconter devant le tableau noir. J'étais le principal volontaire. Là où les autres aidaient leur mère à débarrasser la table ou un aveugle à traverser la rue, je sauvais des bébés de la noyade, des femmes des griffes d'un agresseur ou des amoureux dépressifs qui voulaient se jeter d'un toit. Je testais la vraisemblance de mes fictions, en fait. Comprimant ses fous rires derrière ses doigts joints, le maître d'école feignait de me croire et me donnait en exemple aux goguenards qui me traitaient de fayot. Mais M. Poletti faisait mieux encore. À mes parents inquiets de voir que j'avais toujours zéro en calcul, n'accordant aucun intérêt aux problèmes de trains qui se croisent à telle heure ou de baignoires qui se remplissent en tant de minutes, il fit valoir que lorsque je passerais en sixième, ce serait la réforme des maths modernes : on me dirait d'oublier tout ce que je sais.

— Comme il ne sait rien, il oubliera plus vite que les autres. En revanche, il fait des rédactions de vingt pages et il a une imagination débordante. Encouragez-le à écrire, au lieu de l'embêter avec les maths.

Le temps que ce merveilleux complice m'a fait gagner... Dans cette école des Magnolias, où je retourne chaque année parler de mes livres aux enfants qui m'y succèdent, la directrice, madame Hazan, m'a fait la belle surprise, en mai 2019, d'inviter mon ancien instit. Je n'oublierai jamais ce pli dans le temps, quand, cinquante ans plus tard, j'ai retrouvé dans un décor inchangé cet octogénaire au charisme intact. Comme s'il « prenait en main » sa nouvelle classe le jour de la rentrée, il a créé un lien immédiat en racontant ma passion précoce, ma capacité de travail et mes talents d'imposteur, dressant de son ancien élève un portrait aussi affectueux qu'implacable pour captiver les gamins qui le criblaient de questions. De retour dans son élément comme s'il fêtait la fin de sa retraite, Charles Poletti, avec l'énergie retrouvée d'une bienveillance qui n'oublie rien, a même réveillé en moi

Prestige de la bienveillance

des souvenirs censurés, comme celui de mon premier chagrin d'amitié.

Il s'appelait Jean-Louis. C'était mon voisin de pupitre, aux Magnolias, le seul à qui j'avais confié d'un air de mystère que « j'écrivais ». Je lui avais même montré les premières maquettes de couverture que je m'étais dessinées, avec un bandeau rouge pour allécher les éditeurs : « *Le premier roman policier écrit par un enfant de 8 ans.* » Jean-Louis, tiraillé entre la fierté d'être dans le secret des demi-dieux et la tentation de faire bloc avec les simples mortels, n'avait pas tardé à me trahir. Un jour où M. Poletti nous avait expliqué que les grands écrivains, en général, ne rencontrent le succès qu'après leur mort, mon soi-disant copain s'était rallié à la sortie de l'école au gros des troupes qui, soucieux d'accélérer mon accession à la célébrité, avait décidé de me lapider. Courant pour échapper aux jets de galets, serrant contre ma poitrine mon attaché-case au lieu de m'en servir comme bouclier – l'essentiel était de protéger mon manuscrit –, je reçus en pleine tête la pierre balancée par Jean-Louis. Je tombai sous le choc.

Mes fauteurs de gloire détalèrent, sauf celui qui avait touché la cible. Il vint s'agenouiller au-dessus de moi, atterré, regardant le sang couler de mon crâne. Les yeux pleins de larmes, il bredouilla un flot d'excuses contradictoires : il ne l'avait pas fait exprès, ce n'était pas contre moi, il avait juste voulu se marrer avec les autres et il allait m'aider à rentrer chez moi. Je m'entendis alors répondre cette apparente absurdité :

– Casse-toi ou je te dénonce !

La bienveillance est une arme absolue

Mon ton était d'une violence extrême, fruit de tant de semaines d'humiliations rentrées, de fair-play détaché volant soudain en éclats. Jean-Louis prit ses jambes à son cou. Je rentrai à la maison en titubant, le regard inondé de sang.

— Qui t'a fait ça ? cria ma mère.

J'accusai un pot de fleurs mal fixé qui avait chu d'un balcon. Elle ne me crut pas. Quand mon père arriva du tribunal, il s'employa, à sa demande, à me tirer les vers du nez – sans grande conviction, je dois dire. Lorsqu'elle nous laissa « entre hommes », il me confia que l'histoire se répétait : lui-même avait subi ce genre de traitement, à l'école, quand il écoulait ses René-Mobiles en déclenchant convoitises et jalousies de la part des enfants « ordinaires », et il avait réagi comme moi. *Omerta*, refus de la délation et de la riposte à armes égales. Il s'était contenté d'augmenter ses prix, et de faire crédit à ses anciens agresseurs pour continuer à ne voir en eux que des acheteurs potentiels – comme moi je me devais de les cantonner à leur statut de futurs lecteurs.

La fierté que je ressentis en voyant mon père non seulement deviner, au quart de tour, mon acte de bienveillance et le protéger face aux représailles que réclamait sa femme, mais aussi me révéler par là même que j'avais repris inconsciemment son flambeau, cette fierté créa entre nous une connivence encore plus forte que celles qu'avaient forgées nos débauches d'imagination et la feinte indifférence qu'il me témoignait devant ses autres enfants. Pour clore le chapitre en étanchant la

Prestige de la bienveillance

soif de vengeance de maman, il lui fit croire que j'avais fini par cracher le nom de mon agresseur, et « qu'il s'en chargeait » – il nous asséna cette dernière phrase sur un ton définitif de parrain mafieux qui, associé à son physique de Lino Ventura, eut pour effet immédiat de sabrer questionnements et commentaires. Affaire classée.

– En tout cas, tu as une seule morale à en tirer, me dit-il quand il me déposa à l'école, le lendemain matin. La différence qu'ils te reprochent, cultive-la : c'est ce qui fera ta force.

À l'air cramoisi de Jean-Louis qui venait à ma rencontre, aussi anxieux que gêné en fixant le pansement sur mon crâne, mon père n'eut pas grand mal à identifier l'assaillant que je couvrais. Il le salua avec l'affabilité habituelle dont il gratifiait mes copains et redémarra comme si de rien n'était. Mais je ne manquai pas de mettre aussitôt en pratique le conseil qu'il m'avait donné :

– Tiens, dis-je à Jean-Louis en lui tendant mon attaché-case pour toute réponse à ses excuses réitérées. Et fais gaffe de ne pas rayer le cuir.

Il devint dès lors mon porteur de valise, assumant avec une gratitude empressée le double rôle d'esclave et de protecteur du trésor manuscrit dont je lui confiais le transport. Et ce retournement déteignit sur ses potes. Dès lors, de par la bienveillance détachée que j'avais opposée à leur débordement de violence, ma vie scolaire changea du tout au tout. Le mouton noir était devenu un loup blanc devant qui s'inclinait la meute, et mon ancien enfer devint pavé de délicates attentions.

— Il s'appelle comment, ton livre ? me demanda l'après-midi même Fabien, le petit caïd qui jusqu'alors avait dressé sa bande contre moi.
— *Mortellement vôtre.*
— Il parle de quoi ?

Je consentis, avec naturel et sobriété, à lui exposer en deux phrases le début de mon intrigue : dans le jardin de son orphelinat, un enfant de notre âge trouvait un type assassiné avec un de ses patins à roulettes, alors, de peur qu'on l'accuse, il menait l'enquête afin de découvrir qui lui avait volé l'arme du crime. Je m'interrompis pour attaquer les trois Choco BN sous cellophane qui constituaient mon goûter.

— Et alors ? me relança-t-il d'un ton pressant.
— Et alors, je mange. Tu liras quand il sera publié.

À compter de ce jour, son souffre-douleur favori devint à ses yeux une sorte de caïd associé. Je n'étais pas chef de bande, j'étais meneur de rêves. En manque d'imaginaire, lui et ses sbires faisaient des pieds et des mains pour obtenir la suite de l'histoire, avant même les éditeurs à qui je faisais semblant d'envoyer des « livraisons hebdomadaires » façon Balzac ou Victor Hugo. Du coup, cette attente, cette pression du public stimulaient ma cadence d'écriture. Il fallait fournir. Répondre à la demande du marché.

Oui, mon père avait raison : être différent faisait désormais ma force. La bienveillance qui avait riposté à leur agression m'avait conféré l'autorité, le prestige, l'audience. Accros à mes fictions, ils réclamaient leur dose à chaque récré. J'y répondais avec une jubilation retorse. Quand la sonnerie du préau retentissait, je suspendais

Prestige de la bienveillance

mon récit en disant « À suivre » – ils avaient alors, en me suppliant, une chance de me soutirer des infos sous forme de bande-annonce, durant la montée d'escalier jusqu'à notre salle de classe. En revanche, si je disais en conclusion de l'épisode : « La suite au prochain numéro », il était vain d'essayer d'obtenir de ma part la moindre indication sur les rebondissements futurs, pour l'excellente raison que je n'en avais aucune idée.

En fait, j'écrivais au fur et à mesure, me nourrissant de leur intérêt, de leurs réactions, de leurs supputations, de leurs efforts pour trouver la suite. Sans qu'ils se doutent un instant qu'ils participaient ainsi à un atelier d'écriture, je leur chipais sans vergogne les idées qu'ils me suggéraient en les gratifiant après coup d'un « Bravo, tu avais deviné » qui faisait leur fierté. Et, en échange de la primeur que je leur donnais sur mes futurs lecteurs, ils se battaient pour faire à ma place, en fonction de leurs compétences, mes devoirs de maths, mes exposés d'histoire ou mes cartes de géographie. En plein cœur de l'enfance, j'avais découvert cette vérité capitale dont j'allais profiter jusqu'à plus soif, et que je ne cesse de répéter aujourd'hui encore dans toutes les écoles où l'on m'invite à parler de mon œuvre : seule l'imagination est en mesure d'enrayer la violence, née de l'ennui. Pour l'heure, despote éclairé par le pouvoir de mes fictions sur mes condisciples, ma tête ne passait plus les portes et je ne touchais plus terre : mon existence était devenue le produit de mes rêves.

C'est là que la réalité m'abattit en plein vol. Mais ce qui aurait dû me couper les ailes, à huit ans et demi, me propulsa d'un coup en vie active.

7

La bienveillance motrice

Depuis quelques semaines, mon père n'arrivait presque plus à marcher, même avec ses deux cannes. Cet après-midi-là, en rentrant de l'école plus tôt que prévu, je l'entendis qui confiait à ma mère, se croyant seul avec elle dans l'appartement :

— De toute façon, le jour où je suis en fauteuil roulant, je me tire une balle dans la tête. Je ne veux pas vous imposer ça.

Je me figeai, dans le couloir, écoutant les protestations, les arguments, les reproches qu'elle assénait en réponse :

— Et faire de ton fils un orphelin, tu crois que c'est mieux pour son équilibre ?

Je me souviens parfaitement de ma réaction. Chaque fois qu'ils se disputaient en ma présence ou de l'autre côté d'une cloison, je prenais spontanément le parti de mon père. C'est le même réflexe qui, ce matin-là, me fit m'identifier à lui. En plus, j'étais... comment dire ? en pays de connaissance. J'avais déjà suivi et soutenu un raisonnement similaire au sien, le mois précédent. Pour draguer la fille de nos voisins, je lui avais fait croire que je souffrais d'une maladie incurable : elle avait intérêt à profiter de moi tant que je tenais debout, parce qu'en-

La bienveillance motrice

suite je mettrais fin à mes jours pour ne pas encombrer la famille.

Mon père était la personne que j'aimais le plus au monde, mais je comprenais ses raisons et j'avais expérimenté la valeur de ses arguments ; je ne pouvais que valider son choix. Ce qui ne m'empêcherait pas de tenter de l'infléchir – mais pas de manière frontale, pas avec des implorations, des cris et des pleurs. Ça ne nous ressemblait pas, ce n'était pas digne de nous, et ce serait contre-productif. Il fallait que je trouve quelque chose de plus subtil que le chantage affectif. Ma riposte à la phrase insoutenable qu'il venait de prononcer, mon antidote, ma détermination, furent l'affaire d'une ou deux minutes, à peine, derrière cette porte où se jouait notre avenir – j'en ai aujourd'hui encore la trace brûlante dans ma mémoire. Ce fut le grand carrefour de ma vie.

Sur la pointe des pieds, je ressortis de l'appartement et refermai la porte sans bruit. Puis, quelques minutes plus tard, remis du choc et préparé à donner le change, j'appuyai sur la sonnette, feignant d'avoir oublié ma clé. Le suicidaire en puissance vint m'ouvrir entre ses cannes. Je suppose que ma mère, en larmes au salon, ne voulait pas se montrer dans cet état pour ménager ma sensibilité.

— Ça va, mon grand ? claironna papa. Tu t'es bien amusé ?

— Oui, et toi ?

On s'est raconté nos journées à la cuisine devant un verre d'orangeade, comme si de rien n'était. Mais le moindre déplacement était une torture qu'il n'arrivait presque plus à masquer sous la faconde. Quel sursis s'accorderait-il

La bienveillance est une arme absolue

avant de mettre sa menace à exécution ? Ma décision était prise. Plutôt que de le supplier, je l'épaterais. J'allais accomplir quelque chose d'extraordinaire qui lui donnerait envie de jouer les prolongations sur Terre, même en fauteuil roulant. J'avais déjà trois manuscrits sous le coude : j'allais mettre les bouchées doubles pour devenir le plus jeune écrivain du monde dans les vitrines de librairie, et il « resterait » pour voir ça. Pour partager le rêve qu'il n'avait pas eu les moyens de réaliser.

Dans les années 1920, au même âge que moi, il avait commencé à noircir des cahiers. Il s'imaginait auteur de théâtre, de films, de comédies musicales. Mais, obligé de gagner sa vie en culottes courtes pour nourrir sa mère et sa grand-mère, il avait dû se reconvertir dans la construction automobile, et le travail du bois avait supplanté celui des mots. Ensuite, l'injustice qui avait empoisonné son enfance l'avait poussé à se mettre au service des autres en devenant avocat. Un *vrai* métier pour fonder une famille, sans pour autant renier sa vocation d'artiste. Il avait continué à inventer des histoires, mais en amateur.

À l'aube de mes neuf ans, je venais de tracer mon plan de carrière : le dissuader de se suicider en réalisant l'objectif auquel il avait renoncé – vivre de sa plume et des émotions partagées avec des inconnus. Sans qu'il s'en doute, il venait de me fournir le plus efficace des enjeux pour convaincre les éditeurs : lui sauver la vie.

Mais, en fin de compte, ce n'est pas moi qui y suis parvenu, c'est une prothèse. Pionnier français de la hanche artificielle, je l'ai vu ressusciter, abandonner ses cannes, reprendre le ski, le tennis, le vélo, tandis que les éditeurs

La bienveillance motrice

persistaient à refuser mes manuscrits, se privant au fil des ans de l'argument massue que constituait à mes yeux mon jeune âge. « *Le premier roman policier écrit par un enfant de 8 ans* », ce merveilleux slogan que je réactualisais sur la couverture après chacun de mes anniversaires, ne déclenchait en eux aucun écho. Tout comme les éloges martelés par madame veuve Daniel-Rops dans ses courriers de relance à Fayard ou Grasset, mes campagnes d'autopromotion demeuraient lettres mortes.

Elles eurent un effet, tout de même, en interne. Quelques jours avant son opération de la dernière chance par le Dr Herbert à Aix-les-Bains, papa était tombé à mon insu sur la lettre que j'étais en train d'écrire aux éditions Gallimard pour accompagner l'envoi de mon nouveau manuscrit. J'y expérimentais une accroche publicitaire fondée sur l'urgence : mon père, à l'agonie, voulait tellement voir mon roman publié avant de mourir... Des années plus tard, il m'avoua que cette forme de faire-part l'avait considérablement aidé à aller jusqu'au bout d'une rééducation si douloureuse, à l'époque, que les quelques impotents ayant servi de cobayes avant lui n'y avaient pas survécu.

Privés de leur enjeu initial, amputés de la bienveillance qui les avait sous-tendus, mes espoirs de publication se réduisaient désormais à une somme de déceptions d'autant plus toxiques qu'elles étaient devenues moins graves : mes échecs ne mettaient plus d'existence en péril.

Face à la dépression grandissante qui me gagnait à chaque retour de manuscrit accompagné d'une lettre de refus toujours aussi vague (« Votre texte a retenu notre

attention, mais ne saurait correspondre à notre ligne éditoriale. »), mon père eut alors une idée de génie :
— Colle un cheveu.

Il faisait référence à un film de James Bond que nous avions vu, où Sean Connery, pour savoir si en son absence quelqu'un pénétrait dans sa chambre d'hôtel, collait un cheveu entre la porte et le chambranle. Il précisa :
— S'ils te le renvoient, ça ne veut pas dire qu'ils n'ont pas aimé. Peut-être que, simplement, ils n'ont pas lu...

Quand la photocopie suivante me revint avec la lettre type et mes trois cheveux blonds collés de la première à la dernière page, il eut une réaction de triomphe et mon horizon s'éclaira de nouveau. Les retours suivants ne firent que confirmer le verdict : les éditeurs qui me recalaient n'étaient pas des nuls, des frileux ni des juges implacables – juste des flemmards. Chacun de ces renvois à l'expéditeur marqués de mon sceau capillaire relançait l'espérance. Un jour, à force de m'arracher les cheveux, je tomberais sur un vrai professionnel qui finirait bien par les décoller...

*

Lorsque Jean-Marc Roberts, douze ans et treize romans plus tard, décida en vingt-quatre heures de publier au Seuil *Vingt ans et des poussières*, mon père venait de prendre sa retraite. Dès lors, il n'y eut plus dans son agenda que mes rendez-vous, mes déjeuners de presse, mes passages télé, mes voyages de promotion, les dates de remise et de parution de mes textes. J'avais puisé dans

La bienveillance motrice

sa menace de suicide l'énergie de ma vocation ; il faisait de mon rêve accompli le moteur de sa vieillesse.

— Nous avons eu le prix Del-Duca ! claironna-t-il de Nice à Menton, quelques mois plus tard, à l'obtention de mon premier trophée littéraire.

Dans la petite pièce de rangement attenante à la cuisine, il avait installé, entre placard et congélateur, un petit studio de mixage où, emmêlé dans les fils de ses magnétoscopes, il dupliquait les enregistrements de mes émissions pour isoler mes interventions, en faire un best-of qu'il entrecoupait de commentaires au micro. Parfois, dans le feu de l'action, il effaçait accidentellement ma voix, alors il me *doublait*, en imitant mes intonations. C'était du travail de ventriloque bien plus que de la post-synchro. Il greffait ses rêves sur ma vie, ses paroles sur mes lèvres.

Quand je descendais de Paris et que ma mère, en m'ouvrant la porte, lui lançait « Didier est là ! », il arrivait qu'il réponde avec impatience, du fond de son antre :

— Attends, je finis de le repiquer.

Cachant mon dépit, je souriais de cette expression, qui m'évoquait moins le montage vidéo que l'horticulture. Déraciné depuis l'enfance, il s'était rempoté dans mon image publique. Je lui servais de tuteur.

Au fil des ans, il devint conscient que cette vie par procuration qu'il s'offrait sur mon dos, cette pression de pique-assiette vidéaste, de groupie obsessionnel, était pesante pour moi. Alors il prit une résolution dictée par une bienveillance à double entrée : la volonté d'alléger mon fardeau et celle de voler au secours d'un jeune confrère, victime d'un complot politique, qui venait d'être

La bienveillance est une arme absolue

suspendu à titre provisoire par le conseil de l'Ordre. Il débrancha ses magnétoscopes, archiva mes best-of et, après dix ans d'oisiveté forcée, il décida de faire la retraite buissonnière. Remontant de la cave son cartable, il repartit au bureau. Et, de nouveau, son agenda fut rempli de ses propres rendez-vous.

Redevenu avocat à quatre-vingts ans par dérogation de l'Ordre, il prenait le bus chaque matin pour aller traiter les dossiers de son ami Joël, recevoir ses clients, assurer leur défense tout en s'employant à le blanchir des accusations calomnieuses qui l'avaient jeté en détention préventive. La victoire qu'il remporta lorsque son confrère fut déclaré innocent éclipsa la mienne au prix Goncourt, et j'en fus le plus heureux des fils.

— René, c'était un soutien de chaque instant, me confia Joël à sa mort. J'avais la sensation d'être solide parce que je m'appuyais sur un roc. Il était là, donc tout se passerait bien. Il m'a redonné confiance en moi, il m'a réconcilié avec mon métier, avec mes confrères. On a élaboré ensemble des stratégies d'enfer pour mes clients, parce que c'était un juriste hors pair et que sa puissance de travail larguait tout le monde. Et en plus, on se marrait. Il réussissait à me faire rire comme si rien ne s'était passé. Quand il était près de moi, ce qui avait eu lieu ne comptait plus ; ce n'était qu'un mauvais rêve. La réalité, c'était lui. La vraie vie, c'était lui.

Debout au premier rang de ses obsèques en 2005, comme, quatorze ans plus tard, il arriva avant tout le monde au reposoir où gisait le corps de ma mère, Joël, ce grand avocat des causes perdues qui est devenu

La bienveillance motrice

aujourd'hui l'un des fers de lance du rapprochement entre juifs et musulmans, demeure pour moi le symbole vivant de ce que la bienveillance reçue et reversée peut accomplir.

8

Les bienveillances cachées

On n'en a jamais fini avec son enfance. La mienne s'est nourrie du meilleur comme du pire, et surtout du meilleur déclenché par le pire. Si je me suis employé de toutes mes forces à déprogrammer la mort de mon père, j'ai, dans le même temps, entrepris d'éliminer ma mère. Du moins ai-je scénarisé sa disparition en lui fabriquant une remplaçante, dans l'intérêt de son image. « Je fais ça pour elle », me répétais-je en toute sincérité.

Il arrive que la bienveillance cachée sous les dehors d'un mensonge, d'un coup tordu, déteigne sur la manière dont réagira la victime, plus touchée que meurtrie par les intentions de son bourreau. En l'occurrence, les effets secondaires de la fourberie dont elle ne m'a pas tenu rigueur m'ont marqué plus profondément, je crois, que toutes les preuves d'affection que j'ai pu recevoir dans un contexte ordinaire qui ne me devait rien.

Passons aux aveux. Les fictions à épisodes grâce auxquelles j'avais fini par susciter respect et servitude chez mes anciens ennemis d'école ne mettaient pas en scène que des personnages inventés : elles incluaient ma cellule familiale. Avant de supprimer ma mère, je m'étais attaqué au statut de son époux. En effet, ulcéré que ces rejetons

Les bienveillances cachées

de Niçois se moquent à la fois de nos origines belges et de ses chutes en pleine rue, façon film de Charlot, je leur avais expliqué sous le sceau du secret que ce n'était pas mon vrai père. En réalité, j'étais le fils caché du roi Baudoin qui, fou amoureux de ma mère, l'avait mariée à un pote avocat dans l'espoir de faire diversion, après quoi il nous avait expatriés tous les trois sur la Côte d'Azur pour notre sécurité. René van Cauwelaert, le Charlot qui les faisait marrer, était un héros victime de son devoir : s'il avait une jambe qui ne marchait plus, c'est qu'il s'était pris une balle dans la hanche en me sauvant la vie, le jour où des tueurs envoyés par la reine Fabiola, cette infâme cocue, avaient tenté de m'assassiner en tant qu'héritier illégitime de la couronne de Belgique.

— T'es pas un vrai prince, alors, concluaient les copains.
— À moitié. Je suis un bâtard royal, ça s'appelle. J'ai que les inconvénients.

Ils compatissaient. Ils s'efforçaient même de me consoler. Pour être populaire, il vaut mieux faire pitié qu'envie. Outre mes talents de comédien et les documents de famille en flamand que je produisais comme pièces à conviction, le naturel ambigu avec lequel mon père, ignorant tout de mes élucubrations monarchiques, mais toujours prompt à adapter son humour pince-sans-rire à l'univers des gamins, entrait dans leur jeu quand ils essayaient de lui tirer les vers du nez avait accrédité l'imposture que je m'étais méthodiquement façonnée. Quant à maman, sa beauté de star américaine aux longs cheveux soyeux travaillés en chignon pièce-montée, son air autoritaire et ses regards nostalgiques la rendaient assez crédible, je dois dire, dans le rôle d'une ancienne maîtresse de roi camouflée en horticultrice niçoise. À quelques encablures de Monaco et de son folklore princier, ce côté Grace Kelly redevenue Cendrillon fonctionnait plutôt bien auprès de mon public.

Et puis, un jour, elle décida de changer de tête. Partie chez le coiffeur sans crier gare, elle vint me chercher à la sortie de l'école pour me faire la surprise de son nouveau look. Cataclysme. Avec sa coupe au bol hérissée de pointes, elle n'avait plus rien de mystérieux, d'élégant, de fatal. L'aristocrate en exil ressemblait désormais à la syndicaliste Arlette Laguiller. Toute ma classe la regardait, bouche bée. Dans ma tête, la fureur se mêlait à la honte. Comment avait-elle pu *me faire ça*, après tout le mal que je m'étais donné ? Avec une tronche pareille, elle n'était plus digne du destin brisé que lui avait offert Son Altesse Bâtardissime le prince Didier.

Alors, ni une ni deux, je retournai la situation dès le lendemain matin, quand les copains me dirent qu'ils avaient eu du mal à la reconnaître.

— Évidemment, ce n'est pas elle.
— Comment ça ?
— Ils l'ont enlevée. Les Belges. Ils m'ont filé une sosie à la place, et je fais semblant de rien remarquer.

Une immense perplexité retomba sous le préau. Je développai :

— Ils ont engagé une femme qui ressemble à maman, à part les cheveux, c'est pour ça qu'elle dit qu'elle a voulu changer de tête. Et ils lui ont fait apprendre ma vie par cœur, mais elle a des trous.

Les bienveillances cachées

Les autres gamins se consultèrent du regard.
— C'est vrai qu'elle m'a appelé Fabien, confirma Jean-Louis.
Je dis que c'était normal : elle mélangeait ses fiches.
— Et ton père, qu'est-ce qu'il dit ?
— Il pense comme moi : faut lui laisser croire qu'elle nous couillonne. Comme ça, on a un avantage sur elle.
— Mais c'est quoi, sa mission ?
— J'sais pas. Et j'vois pas ce qu'on peut faire.
Mon aveu d'impuissance rendait presque crédible l'énormité de la situation. Il présentait l'avantage supplémentaire de solliciter leur imagination, chacun y allant de son hypothèse pour justifier un phénomène qui, du coup, prenait corps dans la réalité.
— Moi je dis, attaqua Fabien : elle est venue pour vous zigouiller.
— Non, peut-être juste elle vous espionne, me rassura Jean-Louis.
— Et la vraie, qu'est-ce qu'elle est devenue ? s'enquit Youssef. Ils l'ont liquidée ?
Je soutenais le contraire : ils la gardaient certainement au frais quelque part, afin qu'elle serve d'aide-mémoire si jamais sa doublure se trouvait en difficulté. Les copains s'abstinrent de me contredire pour me laisser un espoir. Mais, quand on se retrouva sous le préau après la matinée de classe, le scepticisme avait gagné du terrain :
— C'est n'importe quoi, ton histoire. On remplace pas comme ça quelqu'un, du jour au lendemain.
Je répondis pour couper court à leurs doutes :

La bienveillance est une arme absolue

— Vous n'avez qu'à venir à la maison, si vous ne me croyez pas. Vous verrez bien que c'est pas elle.

Ils vinrent. À ma demande, l'usurpatrice potentielle leur servit à goûter, dérangée par ce débarquement à l'improviste, et de mauvais poil à cause des réflexions que papa et moi lui avions faites sur sa coupe de cheveux.

— Qu'est-ce que vous avez à me regarder comme ça ? leur balança-t-elle.

— Rien, rien, madame. Tout va bien, c'est très bon.

Se sentir passée au crible accentuait son humeur de dogue, la faisant parler faux et réagir à contretemps. À mesure qu'ils la testaient, leur comportement bizarre la rendait de moins en moins « naturelle », donnant à ma fable de plus en plus de vraisemblance. À l'issue de cette visite de reconnaissance, leur verdict fut unanime : c'était une sosie pas très ressemblante et qui tenait mal son rôle.

— Si tu portes plainte, on sera témoins, me promit Olivier, le fils d'un huissier qui deviendrait vingt ans plus tard un psychanalyste en vogue.

Jamais je n'ai avoué à ma mère la façon dont je l'avais ainsi reniée pour raisons capillaires. Ce n'est qu'après la mort de papa, en 2006, que j'ai raconté cet épisode dans *Le Père adopté*. Elle m'a révélé alors, à ma grande surprise, qu'elle n'avait pas été dupe de ma comédie. En fait, elle avait surpris certaines de mes confidences à mes acolytes. Elle avait entendu la manière si argumentée dont je l'avais escamotée, remplacée, désavouée pour sauvegarder son image. Et elle ne s'était pas formalisée. Amusée par ma duplicité, elle avait respecté l'affabulation dont elle était la cible. Mieux, elle avait joué mon jeu, pour m'éviter de perdre la face devant les copains. Au fil des semaines, elle avait pris un malin plaisir à se rendre suspecte à leurs yeux, feignant en leur présence d'avoir changé de goûts, de manières, d'humour, d'avoir des trous de mémoire et des troubles de la personnalité. Elle avait fait semblant de ne plus être elle-même, pour accréditer l'imposture dont je l'avais accusée. La seule personne à qui elle avait vendu la mèche, c'était mon père.

Manifestement, elle s'était bien divertie dans ces exercices de schizophrénie contrôlée, mais pas seulement. Sa mansuétude envers ce fils qui la reniait « pour son bien » avait, je crois, une motivation plus subtile. Jusqu'alors, face à son mari qui encourageait au-delà du raisonnable le développement de mon imagination, elle avait tenu le rôle de la trouble-fête, de la donneuse de leçons, de l'empêcheuse de rêver en rond. Celle qui met du plomb dans la tête, du plomb dans l'aile. Et voilà que tout à coup, elle devenait complice de mes inventions délirantes à son encontre. Voilà qu'elle s'efforçait de rendre crédible la fiction par laquelle je l'avais répudiée.

Elle m'a raconté, non sans fierté, combien mon père avait été bluffé par son attitude. C'était peut-être, du reste, le but premier du double jeu auquel elle s'était livrée. Ayant toujours l'oreille aux aguets, elle lui avait appris du même coup que lui aussi, dans mes divagations, avait cessé d'être mon père, se trouvant relégué au rang de garde du corps cocufié par le roi des Belges.

Bref, ils avaient bien dû se marrer sur le dos de leur persécuteur. Blessés, sans doute, mais surtout attendris. Leur bienveillance complice à l'égard du petit monstre qu'ils avaient engendré s'exerça, en toute discrétion, jusqu'à ce que la réalité familiale n'eût plus besoin d'être réenchantée par mes histoires d'imposture. Les cheveux de ma mère repoussèrent et mon père récupéra l'usage de sa jambe. Elle retrouva sa séduction de star américaine, lui sa démarche de jeune homme, et je n'eus plus à les revaloriser aux yeux de la galerie par des techniques de substitution.

Elle ne m'a reparlé de cet épisode qu'en mars 2019, dans le service de soins palliatifs où elle achevait sa vie avec une sérénité polie qui impressionnait tout le monde.

— Tu vois, a-t-elle souri au fond de son lit, ballottée par les remous électriques de son matelas anti-escarres, sa belle chevelure blanche clairsemée par la chimio, tu vois, c'est aujourd'hui où j'aurais besoin qu'un sosie me remplace...

J'ai répondu à son sourire avec la même légèreté de façade, tandis que son visage s'estompait sous les larmes qui envahissaient mon regard.

À l'issue de ses obsèques, Olivier, le psy qui jadis avait partagé mes secrets d'écolier, me fit, la main sur l'épaule et les yeux sur ses boots, une réflexion en forme de reproche :

— Tu parles toujours de ton père dans tes interviews, mais ce n'est pas lui qui a fait de toi le « romancier de la reconstruction », comme disent les journalistes. C'est elle. Il a peut-être nourri ton imaginaire, mais c'est elle qui t'a fait grandir quand tu la traitais plus bas que terre. C'est elle qui t'a poussé dans tes retranchements. L'admiration aveugle qu'il te portait aurait pu te faire tourner en

Les bienveillances cachées

rond autour de ton nombril ; c'est son regard à elle, lucide, critique mais sans rancune, qui t'a propulsé. Tu devrais écrire là-dessus, un jour. Sur les armes inconscientes que procure cette forme de bienveillance.

C'est ce que je suis en train de faire. Lorsque l'agonie de maman a commencé à bouleverser le cours de mes jours, j'avais déjà rédigé une cinquantaine de pages sur ce sujet – auquel, *a priori*, l'idée ne m'était pas venue d'associer ma génitrice. Et pourtant...

Derrière son charme de concours d'élégance, son ego souverain et ses avis tranchés (je la surnommais « la Mère Emptoire »), la bienveillance active était son pain quotidien – un pain qu'elle continuait de fabriquer à grande échelle, à plus de quatre-vingts ans, pour le partager à sa table ou le livrer à domicile. Cuisinière hors pair, elle était un Resto du Cœur à elle toute seule. À son enterrement, des dizaines d'amis et de simples connaissances de tous âges étaient venus me décrire avec émotion les plats qu'elle leur concoctait en fonction de leurs goûts, de leurs carences, de leurs maladies, et qu'elle leur apportait en bus quand ils n'étaient pas en état de répondre à ses invitations. Leurs condoléances s'apparentaient à la carte d'un chef étoilé : Ah ! ses raviolis à la daube, ses petits farcis niçois, ses beignets de fleurs de courgette, ah ! ses terrines de canard au poivre vert, sa poularde truffée, ses confitures de mandarine, sa tarte citron meringuée... Leurs lamentations dithyrambiques me donnaient faim malgré moi. Le cœur en berne et le ventre vide, l'orphelin gardait les yeux secs mais sa bouche salivait. Je pense que c'était le plus bel hommage qu'on pût lui rendre. Celui qu'elle aurait préféré. De par ses aptitudes, sa formation, son ascendant, elle aurait pu devenir une grande juriste, une élue charismatique, une chef d'entreprise de premier plan – comme elle l'avait prouvé durant cinq ans d'horticulture. Reléguée dans l'ombre maritale pour n'avoir pas voulu sacrifier sa vie de famille à ses capacités de gestion, elle en avait conçu un certain agacement – l'amertume n'était pas dans ses gènes –, et elle s'en consolait en se sachant regardée à l'échelon local comme la meilleure cuisinière du monde.

Au déjeuner d'obsèques que j'avais organisé, les enfants et petits-enfants de son mari, qui l'avaient si bien entourée depuis qu'elle était veuve, recréaient l'ambiance de ces festins auxquels elle consacrait le plus clair de ses jours. En parlant d'elle, nous avions l'impression parfois qu'elle était aux fourneaux, empêchée de nous rejoindre à table par les finitions d'un plat qui ne souffrait pas l'à-peu-près. Mes demi-frères et sœur avaient été aussi épatés que moi par la philosophie avec laquelle, après un AVC et une récidive de cancer, elle avait accepté de ne plus avoir la force de se mettre en cuisine. Plus inattendu encore, elle s'était abandonnée avec un engouement simulé aux plats tout prêts des rayons « fraîcheur » qu'elle avait toujours stigmatisés. Mais, quand elle se retrouva en phase terminale, son obsession nourricière fut la dernière activité de son esprit. Elle composa un ultime repas que, pour reprendre ses termes, elle alla livrer en mains propres au péril de sa vie. Dans le service où mon père s'était éteint, quatorze ans plus tôt, le même oncologue m'avait prévenu : l'évolution de son cancer aurait pour effet secon-

Les bienveillances cachées

daire éventuel de la faire « dérailler ». Ce fut le cas une seule fois, la veille de son départ. Mais le « déraillement » eut pour conséquence principale de remettre le train sur la voie.

Le destinataire de son menu d'adieu était un inconnu qui lui avait fourni un très beau fantasme : l'apogée de sa bienveillance culinaire. Il s'agissait du grutier affecté à la construction de la nouvelle aile du CHU. À chaque hospitalisation au cinquième, elle retrouvait avec un intérêt mâtiné d'inquiétude son voisin de fenêtre. Infirmières et visiteurs avaient droit au récit de l'ascension quotidienne de cet alpiniste urbain, ce héros de l'air qui, sac au dos, gravissait à ciel ouvert les milliers de barreaux qui le menaient à son poste de travail.

— Et, quand il arrive au niveau de mon étage, il lâche le montant d'échelle pour répondre à mon salut. Vous vous rendez compte ? Il fait la journée continue avec juste un sandwich et une Thermos de café, et il redescend à la nuit. Je ne sais pas comment ça se passe pour ses besoins. Vous pensez qu'il porte des couches ?

Personne ne pouvant lui fournir de réponse, elle continuait à se faire du souci. D'autant que, l'ouverture des fenêtres de l'hôpital étant condamnée depuis le début des travaux pour raison d'hygiène, toute conversation était impossible avec son vis-à-vis. L'inconnu de la grue conservait ses mystères.

Le 17 mars 2019, son avant-dernier jour sur Terre, je la trouvai complètement bouleversée. Ses cordes vocales ne fonctionnaient presque plus, et je mis plusieurs minutes à comprendre ce qui la mettait dans un tel état.

La bienveillance est une arme absolue

— Il n'avait pas son sac à dos, je te dis, quand il a grimpé ce matin ! Mais qu'est-ce qu'il va manger ?

Revenant le soir à son chevet, je la vis apaisée. À bout de fatigue, mais rayonnant du travail accompli. Les ultimes paroles que je reçus d'elle, l'oreille contre son souffle, furent :

— Ça va, je lui ai monté un plateau. Le restant des raviolis que j'avais portés à Jeanne et Tanguy, la terrine de canard prévue pour Ginette ou Michèle, et la moitié de la tarte au citron que j'avais faite à Claude et Florence. Il a tout fini, c'est bien.

Ainsi, la dernière image que j'ai de ma mère, celle qui, le recul aidant, continue de prévaloir sur les souvenirs du déclin, c'est son ascension d'une grue de chantier, en chemise d'hôpital, pour aller sustenter l'homme qui travaillait de l'autre côté de sa fenêtre.

Dès le premier regard échangé avec son voisin du ciel, le personnel soignant m'avait tenu au courant de ces accès de compassion maladive qui la détournaient de ses propres angoisses. Elle ne posait plus de questions sur ses analyses, ses marqueurs, ses scanners : elle ne se souciait que de son grutier.

— C'est peut-être pour ça qu'elle n'a pas souffert, me confia le médecin qui régulait son taux de morphine.

Oui, la bienveillance est *aussi* une arme palliative.

9

La bienveillance malgré soi

Durant la maladie de ma mère, en complément des traitements de médecine traditionnelle et « alternative », comme on dit, j'avais tenté d'alimenter par écrit son processus de guérison, dans l'espoir que la réalité se laisserait influencer par la fiction. Je n'ai pas réussi. Mais certains de mes confrères y sont parvenus en leur temps, notamment l'un des plus éminents rationalistes de la littérature française, Émile Zola. Sauf que lui, ce fut à son insu. Pour ne pas dire à l'opposé de sa démarche.

En 1891, après avoir publié *La Bête humaine*, il décide d'écrire *Lourdes*, un roman anticlérical qui, montrant l'inexistence des miracles, dénoncera l'exploitation de la douleur humaine par des ecclésiastiques mercantiles associés à des médecins trop croyants pour être honnêtes. Fidèle à sa méthode de travail, il effectue un premier repérage journalistique, du Bureau des constatations médicales aux boutiques de souvenirs pieux, en passant par la grotte de Massabielle où la petite Bernadette Soubirous affirma, en 1858, avoir conversé avec la Vierge Marie. Puis, quelques mois plus tard, il retourne sur les lieux de son intrigue en se glissant cette fois dans un pèlerinage, incognito, afin de s'immerger au cœur de son sujet.

La bienveillance est une arme absolue

Dans le fameux « train blanc », Zola passe en revue les malades. Il en choisit deux, visiblement à l'agonie. Deux femmes qui lui serviront de modèles pour ses personnages principaux. Il s'assied à leurs côtés et les observe, les interviewe. Marie Lebranchu a trente-cinq ans, elle est tuberculeuse au dernier degré, squelettique, incapable d'ingurgiter la moindre nourriture. Dans sa fiction, il l'appellera « la Grivote ». Sur un ton épuisé, elle lui répond aimablement, entre deux quintes de toux et trois crachats de pus dans son mouchoir. Marie Lemarchand, elle, a dix-huit ans. Au stade ultime d'une tuberculose galopante, elle aussi, elle est en outre défigurée par un lupus qui recouvre son visage de plaies ulcéreuses. Il la rebaptisera Élise Rouquet dans le roman et la surnommera « la femme au museau de chien »[1].

Le train arrive en gare de Lourdes. Zola consigne dans son carnet la manière dont les hospitaliers viennent chercher ses deux « modèles » pour les emmener aux piscines. Après quoi, il se rend au Bureau médical afin de consulter les archives. Normalement, il faut être médecin pour pouvoir accéder aux dossiers des guérisons, mais le maître des lieux, le Dr Boissarie, reconnaît le célèbre écrivain et lui ouvre ses placards avec déférence. En échange, Zola lui raconte sa rencontre poignante avec les deux mourantes qu'il s'efforcera de « soulager » dans sa fiction, dit-il, se doutant bien que la réalité ne peut rien pour elles. Le Dr Boissarie le remercie pour sa bienveillance.

---

1. Émile Zola, *Lourdes*, Gallimard, coll. « Folio », 1995.

La bienveillance malgré soi

Le romancier est donc en plein travail de documentation, plongé dans les diagnostics et les témoignages qu'il recopie en les mêlant d'annotations critiques, lorsque déboule au Bureau médical... Marie Lemarchand.
— Je suis guérie ! clame-t-elle en arrachant ses pansements.
Un seul bain dans la piscine aura suffi. Son accompagnateur, le Dr Dhombres, témoin du prodige, confirmera par écrit : « Au lieu de la plaie hideuse que je venais de voir, je trouvai une surface encore rouge à la vérité, mais sèche et comme recouverte d'un épiderme de nouvelle formation. Je fus vivement impressionné par ce changement subit, déterminé par une simple immersion d'eau froide, étant donné que le lupus est une affection très rebelle à toute espèce de médication[1]. »
Abasourdi, le romancier contemple son personnage, qui vient de bénéficier d'un de ces prodiges qu'il voulait démystifier dans sa fiction. Honnête, il reconnaîtra dans le registre du Bureau médical : « On discernait non sans surprise un sourd travail de guérison. Il était visible que le lupus s'était amendé[2]. » Mais, dans son roman, il inventera, à la grande colère des médecins lourdais, que ceux-ci avaient appliqué des lotions sur le visage de la malade. Également guérie de sa tuberculose, Marie Lemarchand, sans aucune séquelle ni cicatrice, aura huit enfants et reviendra à Lourdes quarante années de suite, pour porter assistance aux malades.

---
1. Pierre Lunel, *Les Guérisons miraculeuses*, Plon, 2002.
2. *Ibid.*

La bienveillance est une arme absolue

Mais le calvaire de Zola ne s'arrête pas là. Comble de l'ironie, surenchère dans l'incroyable, voici son deuxième personnage, Marie Lebranchu, alias « la Grivote », qui débarque au Bureau médical, miraculée de la même manière ! Moribonde et crachant le sang, elle avait dû implorer ses brancardiers pour qu'ils la plongent dans la piscine. Au contact de l'eau, elle déclare avoir senti comme un terrible coup de fouet. Avec une certaine jubilation, le Dr Boissarie la fait examiner à l'écrivain anéanti :

— Monsieur Zola, voici guérie celle que vous disiez mourante ! Plus de râle, plus rien ! Tout est neuf dans ce poumon qui fut dévasté !

Zola ne peut retenir ses larmes. Sa « Grivote », instantanément rétablie, se mariera, deviendra vendeuse au Bon Marché et donnera des conférences, ne manquant jamais de rappeler sur les affiches qu'elle est une héroïne d'Émile Zola. Dans son roman, il la fait mourir d'une rechute. Dans la réalité, en parfaite santé, elle lui survivra dix-huit ans[1].

*

Tiraillé entre sa défense acharnée des valeurs humaines, son honnêteté, son combat naturaliste et l'évidence du surnaturel dont il ne se sentait pas le droit d'entériner les preuves, l'écrivain répondit au Dr Boissarie, qui lui repro-

---

[1]. Pierre Ouvrard, *Le Fait religieux, notamment le miracle, chez Zola*, Éditions de l'UCO, 2002.

La bienveillance malgré soi

chait d'avoir trahi la vérité en faisant mourir indûment l'héroïne inspirée de Marie Lebranchu : « Le personnage appartient à l'auteur. » Le personnage lui donna raison. Sous l'avalanche d'hommages qui s'abattit sur Zola lors de ses funérailles, en 1902, on accorda peu d'attention au cri du cœur lancé par sa « Grivote », qui affirmait que Dieu l'avait sauvée parce que Zola l'avait choisie.

— Sans Monsieur Émile, disait-elle, je ne serais pas là.

Six ans plus tard, le 6 juin 1908, par la voix de Mgr Amette, archevêque de Paris, l'Église éleva conjointement les deux Marie au rang de miraculées officielles numéros 16 et 17. Chacune dédia son titre à la mémoire de l'auteur de *Lourdes*. Et l'archevêque, beau joueur, reconnut que, parfois, les desseins impénétrables du Ciel pouvaient être servis par la bienveillance d'un incroyant.

10

Quand la bienveillance récompense l'imposture

Entre huit et vingt ans, mes délires organisés furent beaucoup plus efficaces à l'oral qu'à l'écrit. Comédien dans l'âme afin de tester la vraisemblance de mes histoires, je réussissais, le plus souvent, à faire croire n'importe quoi à n'importe qui, mais les refus d'éditeurs s'amoncelaient.

— Regarde Zola, m'a dit mon père un jour où il me voyait au bord du renoncement. À ton âge, il avait écrit un roman sur les croisades. Et tout le monde lui disait qu'il ne ferait jamais rien en littérature. Tu vois ce qu'il est devenu.

Alors, pour mon douzième anniversaire, je décidai d'abréger ma traversée du désert en améliorant le principe des lettres de recommandation. Vexé pour Madeleine Rops de ses échecs répétés, j'avais résolu de me pistonner moi-même. Mais sous la signature de noms à la mode, prestigieux, efficaces.

Près du cabinet de mon père, dans le Vieux-Nice, se trouvait une librairie qui vendait des autographes. Ayant sélectionné une demi-douzaine de célébrités vivantes qui cartonnaient au box-office et à qui, par voie de consé-

Quand la bienveillance récompense l'imposture

quence, les éditeurs n'avaient rien à refuser, je me faufilais aux heures d'affluence devant les présentoirs vitrés.

Là, discrètement, sur un papier calque, je m'appliquais à recopier l'écriture de pages épistolaires ou de dédicaces dont, faussaire consciencieux, j'allais extraire ensuite des compliments à mon égard.

Ainsi Jean-Paul Sartre écrivit-il sous ma plume à Gaston Gallimard, le 12 septembre 1972 :

> *Cher Gaston,*
> *Je vous recommande chaudement le livre ci-joint de ce jeune garçon bourré de talent :* L'Hôtesse de l'air. *Un vrai coup de cœur.*

Résultat nul. Comme à chacun des parrainages que je m'inventais – Françoise Sagan, Henry de Montherlant, Brigitte Bardot, Pierre Dac... –, le manuscrit me revint au bout de quelques semaines avec ses trois cheveux et son formulaire de refus, ce qui me fit conclure que la notion de « recommandation » était très surestimée. Ou alors, peut-être que les éditeurs téléphonaient aux parrains pour accuser réception de leurs coups de piston.

À seize ans, pas rancunier, je décidai de monter au club-théâtre de mon lycée une pièce de Sartre. Ne sachant rien des thèses existentialistes de mon recommanditaire infructueux, je mis en scène *Huis Clos* comme c'était écrit : une comédie de situation ironique et féroce où notre public ado se tordait de rire. Jean-Pierre Bisson, qui dirigeait alors le Théâtre national de Nice, offrait une fois par mois sa grande salle à des troupes amateur. Au flan, nous passâmes l'audition. Il gloussa trois fois et nous interrompit au bout de vingt minutes en nous annonçant qu'on serait programmés le 20 mai.

Dans l'euphorie de cette incroyable promotion, je refis ma mise en scène, mes décors, mes costumes pour les adapter à un plateau cent fois plus grand que celui dont nous avions jusqu'alors brûlé les planches. Je n'oubliai qu'une chose, ignorant que c'était obligatoire : demander les droits de représentation à la Société des auteurs et compositeurs dramatiques. Alertée par la publicité dans *Nice-Matin*, la SACD adressa un courrier recommandé au théâtre, dix jours avant notre lever de rideau, pour interdire le spectacle. Catastrophe. Mon père téléphona, s'improvisant avocat des Compagnons d'Estienne-d'Orves, appellation pompeuse que j'avais donnée à ma troupe en hommage au grand résistant dont notre lycée portait le nom. Rien n'y fit : la sentence lui fut vertement confirmée – nul n'est censé ignorer la loi, n'est-ce pas, maître ?

— Il n'y a plus qu'un recours, me dit mon père en raccrochant, très énervé. Seul l'auteur peut passer par-dessus la SACD. Écris à Sartre.

Dominant l'ironie de la situation, son ancien faussaire rédigea ainsi au philosophe dont il s'était octroyé le parrainage une lettre de supplication, faisant valoir que sa pièce nous avait enthousiasmés, que les premières représentations avaient rencontré un tel succès que le plus grand théâtre de Nice nous ouvrait ses portes et que, de grâce, pourrions-nous bénéficier après coup de

Quand la bienveillance récompense l'imposture

cette autorisation que nous avions omis, en toute innocence, de solliciter ? J'envoyai ma requête aux bons soins des éditions Gallimard, en espérant qu'elles auraient la mémoire courte. Solliciter le passe-droit de l'auteur dont on s'est recommandé jadis par un faux en écriture, ce n'était pas la démarche la plus efficace qu'on pût imaginer. Six jours plus tard, je reçus un télégramme :

> *Autorisation jouer* Huis clos.
> *Jean-Paul Sartre.*

Je n'y croyais pas. Aussitôt, j'appelai le responsable des autorisations à la SACD, qui, déjà informé par l'auteur, s'empressa de lever les obstacles administratifs avec une courtoisie crispée. Et le miracle n'était pas fini. Dans le mois qui suivit la représentation, le théâtre me fit parvenir une enveloppe adressée à « Monsieur le metteur en scène des Compagnons d'Estienne-d'Orves ». La lettre était dactylographiée sur papier gris.

> *Monsieur,*
> *Des amis ont vu votre* Huis clos. *Ils m'ont dit que la salle riait. Je pensais à l'époque avoir écrit une pièce drôle, on m'a persuadé du contraire. Merci de m'avoir, trente-trois ans plus tard, redonné raison.*
> *Bien à vous.*
> *Sartre.*

On comprendra pourquoi, lorsqu'il est de bon ton aujourd'hui de railler cette gloire écornée victime de

La bienveillance est une arme absolue

quelques aveuglements politiques, j'évite de me joindre à la chorale. Et, quand j'évoque comme argument de défense sa bienveillance, l'absence d'écho ou les ricanements des « milieux informés » ne font qu'amplifier la fidélité de mon soutien.

11

La bienveillance est un électrochoc

Une fois au moins, il m'est arrivé de reproduire avec succès auprès d'un inconnu ce que j'appellerais « l'effet Sartre ». C'était en 1997, au Salon du livre de Nice. La journée de dédicaces touchait à sa fin, sous les tentes du jardin Albert-Ier. Au bout de ma file d'attente, j'avais remarqué un jeune type de 17-18 ans qui, depuis un bon moment, cédait sa place, attendant visiblement que le gros des acheteurs soit passé afin de disposer du plus de temps possible. Je connais bien ce profil de lecteurs : généralement, ils viennent me raconter un épisode de leur vie privée en lien avec un de mes livres, me confier un problème financier ou me remettre un manuscrit.

Les derniers clients étaient repartis avec leur dédicace, les haut-parleurs invitaient le public à se diriger vers la sortie, et le jeune homme se tenait devant moi avec une amorce de sourire, un regard sans détour et l'air un peu embarrassé. On s'est dit bonjour. Ses doigts étaient crispés sur l'édition de poche d'*Un aller simple*, mon Goncourt de 1994, qu'il venait de sortir de son sac à dos. Je tendis la main pour qu'il me le donne à signer. Il eut un léger mouvement de recul, avec une expression de malice où la méfiance le disputait au défi. Tels ces chiens qui refusent de lâcher le bâton avec lequel ils vous demandent de jouer, il assumait la contradiction comme une règle nouvelle dont il m'appartenait de comprendre le sens afin de la mettre à profit. Sauf que j'étais pressé de rentrer à mon hôtel pour prendre une douche avant le dîner. Je demandai :

— C'est pour ?

À contrecœur, il me tendit le roman. Je l'ouvris à la page de garde.

— Pour Rafik.

— C'est vous ?

Il eut soudain l'air traqué, s'assura qu'il n'y avait pas d'oreille indiscrète autour de nous. Et, comme s'il voulait me prendre de vitesse avant que j'écrive une banalité à la suite de son prénom, il balança avec un débit de mitrailleuse :

— Attendez, faut que je vous dise un truc. Je vous ai pas acheté, en fait, je vous ai chouré.

Mon stylo s'est arrêté entre deux lettres. Aussi neutre que possible, j'ai demandé :

— Où ça ? Ici ?

— Non, chez Monop, y a deux mois. En fait, j'avais commencé à vous lire dans le rayon, le personnage était sympa, et puis y a eu la sonnerie de la fermeture, je voulais savoir la fin et j'avais pas de thune, alors je l'ai fourré dans mon fute.

J'ai pris acte, sans afficher d'autre jugement qu'un air compréhensif et poliment flatté. Je me suis tout de même enquis :

— Mais ça n'a pas déclenché d'alarme, à la sortie ?

La bienveillance est un électrochoc

La malice a repris possession de son regard.
— Non, j'avais collé un chewing-gum sur le code-barres.
Il m'a laissé deux secondes pour savourer l'astuce, puis il a enchaîné :
— Alors voilà, je suis venu vous le dire parce que ça me prend la tête. Je vous ai chouré un book, et en plus je vous demande de le signer : c'est normal que je vous dédommage. Je vous dois combien ?
Aussi amusé qu'ému par ce mélange de gouaille et de délicatesse, je l'ai rejoint sur le terrain des confidences en minimisant les effets de son larcin : sur un poche à 4 euros, je ne touche que 5 %. Il a eu l'air sincèrement indigné.
— Mais c'est de l'arnaque !
En écartant les mains d'un air fataliste, je lui ai laissé la responsabilité de son verdict. Et j'ai rédigé une dédicace beaucoup plus personnelle que la formule type que je m'apprêtais à lui servir. Il m'a pris le bouquin des mains pour lire mes quelques mots avec une impatience de môme. J'avais écrit, si je me souviens bien : « Pour Rafik, cet *Aller simple* qui n'avait pas envie de rester dans le rayon. » Il a relevé les yeux, déstabilisé.
— Vous ne m'en voulez pas, alors, de vous avoir gaulé ?
Dans son regard flottant, la timidité avait succédé à l'air bravache.
— Disons que ça m'honore davantage que ça me lèse. Ce n'est pas une incitation à recommencer, mais bon...
J'ai appelé la libraire qui gérait mon stand, je lui ai acheté mon nouveau roman qui venait de sortir, et je l'ai dédicacé à mon voleur. Il est resté bouche bée, les bras ballants.

La bienveillance est une arme absolue

— Je viens avec un bouquin volé et vous m'en offrez un autre ?

Dans son ton d'incrédulité pointait un brin de reproche. Je le sentais déçappointé, presque choqué. J'étais quoi, moi, un maso, un pervers qui brouillait les codes, un méprisant qui piétinait son système de valeurs ? Pour me justifier, j'ai déclaré que rien n'est plus agréable pour un auteur que de sentir ses personnages créer des liens.

— C'est vrai que votre Aziz, a-t-il admis, c'est devenu un pote. On voit les choses pareil, lui et moi.

Je lui ai demandé ce qu'il faisait dans la vie. Il a haussé les épaules avec un regard dénué d'horizons. Il a répondu :

— Comme lui. Je m'débrouille.

Je lui ai tendu mon nouveau livre en lui disant que le prochain, j'étais sûr qu'il aurait les moyens de se le payer.

— Promis ! Il sera pour quand ?

— Dans un an, si tout va bien.

— Chiche ?

On a heurté nos paumes. Et j'ai regardé partir ce grand loustic faussement cool qui, en effet, ressemblait tant à mon Aziz, l'apprenti Marseillais sans origines connues qu'il avait extradé du rayon poches de Monoprix. J'étais fier de l'élan spontané par lequel j'avais répondu à sa confession, content du petit courant d'air que j'avais glissé dans les méandres de son code moral. J'ignorais que les conséquences pour lui seraient celles d'un tsunami.

Il revint l'année suivante. Un peu anxieux à l'approche de mon stand, puis rayonnant dès qu'il vit que je l'avais

La bienveillance est un électrochoc

reconnu. Son prénom était remonté de ma mémoire en même temps que notre bref échange de juin dernier.
— Ça va, Rafik ?
— Je prends le nouveau, attaqua-t-il en me tendant un billet.
Il avait tenu sa promesse et accompli ma prédiction. Il m'annonça fièrement qu'il avait parlé de « notre histoire » à tout le monde et que ça avait bouleversé sa vie. Je n'en revenais pas qu'un simple cadeau en échange d'un aveu ait pu à ce point chambouler ses repères. J'avais changé sa vision de la société, m'asséna-t-il sur un ton solennel. Si l'honnêteté payait à ce point, si la personne à qui l'on demandait pardon vous répondait merci, si le contact, la confiance pouvaient se nouer aussi facilement entre une célébrité de Paris et un gamin des cités nord de Nice, à qui l'on n'avait offert jusqu'à présent que la délinquance comme principe d'intégration face au racisme, au chômage, à la dèche, alors tout devenait possible et valait la peine. Il me raconta ses boulots, ses projets, la fille qu'il avait draguée grâce à moi.
— C'est-à-dire ?
— Elle vous lisait dans le bus, j'ai dit : tiens, je le connais. Elle m'a pris pour un mytho. Je lui ai dit : même qu'il m'a dédicacé deux livres, venez voir chez moi si vous me croyez pas. Donc, merci pour ça aussi.
Au mois de juin suivant, il m'a emmené Claire. Puis leur petit garçon. D'année en année, la métamorphose de Rafik gagnait en ampleur, en lumière. Moniteur de centre aéré, animateur d'associations pour l'aide à l'enfance et au handicap, il est devenu directeur d'une école

La bienveillance est une arme absolue

spécialisée. Je ne dirais pas que j'avais « flairé » en lui le potentiel que j'avais peut-être contribué à activer, mais j'avais senti ce mélange d'ouverture et de vulnérabilité, cette étincelle qu'un rien pouvait éteindre ou transformer en flamme ardente. Ce mélange d'humour frondeur, de franchise brute de décoffrage et de sensibilité en alerte – ce champ des possibles qui ne demandait qu'à s'ouvrir par effraction. L'électrochoc de la bienveillance, je le sais pour en avoir profité, est le meilleur système de propulsion qui soit.

*

L'histoire était si belle, sa morale si tonique que je la racontais à tout bout de champ, et peu de gens me croyaient. Invention de romancier qui se fait mousser à travers son rapport au lecteur, concluaient-ils. Et puis, dix ans après le vol de mon livre de poche, France 3 me consacra une émission d'une heure, avec les reportages que je souhaitais et les invités dont j'avais envie sur le plateau. Spontanément, je demandai à Rafik s'il accepterait de venir raconter notre rencontre. J'aurais très bien compris qu'il refuse, vu la position sociale et les responsabilités qui étaient siennes à présent. Il sauta de joie sur l'occasion, retrouva sa gouaille des quartiers nord pour raconter en direct devant les caméras, au milieu des journalistes, libraires, profs de lettres et comédiens que j'avais conviés, son parcours de gamin aux abois, voleur récompensé devenu, sous l'effet de la réaction aberrante qu'il m'avait inspirée, un travailleur social réconcilié avec

La bienveillance est un électrochoc

la société, heureux et fier de l'être en mettant un point d'honneur à partager les clés de ce bonheur. On avait tous les larmes aux yeux.

Les retombées de cette émission, dont beaucoup de jeunes comme lui me parlent encore, furent aussi importantes en termes d'ouvrages vendus que de vocations suscitées. Tout est possible, aucune fatalité ne résiste aux chances qu'on se donne pour répondre à l'attente, à la confiance des inconnus qui misent sur vous – je n'arrête pas de le répéter depuis plus de trente ans dans mes livres, mais rarement la démonstration n'en a été aussi flagrante qu'à travers le cheminement de Rafik.

— Honnêtement, lui a dit un critique littéraire à la sortie de l'émission, je ne pensais pas que vous existiez.

— Merci, lui a-t-il répondu avec un grand sourire de symbole vivant.

*

L'autre exemple de destin bouleversé que j'ai envie de raconter, dans la foulée, se situe aux antipodes. Si les conséquences en ont été celles d'un acte de bienveillance, ce fut, si je puis dire, à mon corps défendant.

Nous sommes en novembre 1981. Il est minuit et demi, j'ai vingt et un ans, et je rentre en métro sur un petit nuage, après un concert de Barbara à l'hippodrome de Pantin. Je viens de signer mon premier contrat d'édition avec Le Seuil, ma tête ne dit rien encore à personne, et pourtant ma chanteuse préférée vient de me *reconnaître*, quatre ans après mon bref passage dans sa loge

La bienveillance est une arme absolue

du Théâtre de Nice. Ayant lu qu'elle mangeait toujours un citron avant d'entrer en scène, j'avais déposé à l'entrée des artistes un de ceux qui poussaient sur le balcon de ma chambre. Sans doute à cause du regard ému avec lequel, parmi les fans de l'après-concert, je fixais les restants d'agrume sur sa table de maquillage, elle en avait déduit la provenance et m'avait remercié d'un bisou incendiaire. Et là, dans sa loge de Pantin, au milieu de la foule qui lui tendait les programmes à signer, elle venait de hausser un sourcil en croisant mon regard et de me lancer :

— C'était vous, non, le citron de Nice ?

Dans les remous de cette reconnaissance faciale qui me donnait une fierté disproportionnée – je n'étais en réalité que l'un des bénéficiaires innombrables de l'hypermnésie de Barbara, par laquelle tant de fans disséminés dans l'Hexagone se croyaient au centre de ses préoccupations –, je marchais tout seul, le cœur en fête, dans un interminable couloir pisseux de la station Abbesses. Me baissant pour renouer mon lacet, j'entendis un pas derrière moi. Des semelles ferrées qui accéléraient. Au moment où je me redressai, je vis une silhouette émerger d'un croisement et marcher dans ma direction : un jeune barbu en santiags et bonnet, les mains dans les poches de son blouson de cuir. Il croisa mon regard, et détourna les yeux avec une brusquerie qui me noua l'estomac. Je repartis, les sens en alerte. Les pas se rapprochaient derrière moi, dans le couloir incurvé qui ne me permettait pas de voir mon éventuel poursuivant. L'idée que j'allais être pris en étau entre deux agresseurs venait de s'imposer avec une clarté évidente. En lieu et place

La bienveillance est un électrochoc

de la peur, je sentais un sang-froid aux aguets prendre le contrôle de mon ouïe, de mes yeux, de mes muscles.
Je m'arrêtai, feignant de me moucher. Les pas s'interrompirent derrière moi. Le barbu ralentit imperceptiblement. Je repris mon chemin. À nouveau les semelles ferrées retentirent dans mon dos. Mon vis-à-vis était à moins de trois mètres. Une crispation de sa main droite dans sa poche me fit aussitôt visualiser la suite : il allait sortir un couteau, l'autre bondirait pour me ceinturer tandis que je me ferais dévaliser ou pire.
Alors, à l'instant où nous allions nous croiser, je me jetai sur le barbu, le pliai en deux et l'envoyai au tapis d'un coup de karaté. Puis je courus de toutes mes forces, grimpai l'escalier quatre à quatre.
Ce n'est qu'en arrivant à la surface, hors d'haleine, que je commençai à lâcher la bride à un affreux doute. Et si la présomption d'attaque n'avait été qu'une illusion de ma part, et si en fait j'avais agressé un innocent qui ne me voulait aucun mal ? Avec le recul, la réaction de l'individu qui me suivait cadrait mal avec la situation telle que je l'avais échafaudée. Il avait crié au secours. Pourquoi, si ces deux-là étaient complices, attirer l'attention d'un tiers éventuel sur la fuite de leur victime en puissance ? Je m'étais peut-être monté la tête pour rien, mais je n'allais tout de même pas retourner en arrière pour en avoir le cœur net, au risque de me faire occire à titre de représailles si jamais ma première impression se révélait fondée. Je suis rentré chez moi.
Toute la nuit, j'ai revécu dans un semi-cauchemar entrecoupé de réveils en sueur mes années d'arts martiaux à

La bienveillance est une arme absolue

l'église Sainte-Hélène. L'année de mes neuf ans, j'avais choisi l'option catéchisme qui offrait, en ces temps où l'école communale n'était pas encore mixte, la seule opportunité de rencontrer des filles dans un lieu clos – et même de les renverser sur un tapis. Le père Balsamo, un tendre colosse à l'humour plutôt iconoclaste, proposait en effet le forfait catéchisme-et-karaté. Entre deux commentaires d'évangile, il nous apprenait les mystérieuses alliances entre la compassion et le rapport de force, l'amour du prochain et le bonheur de le mettre K.O. Pourquoi mon agression d'un braqueur hypothétique faisait-elle remonter dans mes rêves, soudain, la jubilation de cette violence christique éprouvée à l'époque où je passais, sans transition aucune, du kimono de combat à l'aube immaculée de l'enfant de chœur ? En nage sous ma couette, je me sentais totalement réinvesti par cette bienveillance martiale qu'enseignait le père Balsamo, lequel n'avait pas son pareil pour nous faire comprendre, en nous les parodiant, le sens caché des paraboles : « Seigneur, je ne suis pas digne de recevoir tes coups, mais dis seulement une parole et je serai au tapis... »

Les jours suivants, je traquai dans les médias le récit d'une agression à la station Abbesses. Rien. Le barbu s'était-il relevé ou l'avait-on conduit aux urgences ? Avait-il porté plainte, aurait-il des séquelles, le couloir du crime était-il équipé d'une caméra de surveillance ? La police allait-elle venir me cueillir à domicile ou sur mon lieu de travail – la crêperie montmartroise où j'étais serveur épisodique pour boucler mes fins de mois d'auteur non encore publié ?

La bienveillance est un électrochoc

La psychose empira de semaine en semaine, culminant lors de la sortie de *Vingt ans et des poussières*. L'accueil prometteur que reçut le roman ne fit qu'alimenter encore ma paranoïa. « C'est lui ! » s'écrierait ma victime en découvrant ma tête à la télé, aux devantures des librairies, en photo dans les articles relatant la remise de mon prix Del-Duca. Et je quitterais aussitôt les pages littéraires pour me retrouver à la rubrique des faits divers. *Un jeune auteur reconnu coupable de violence gratuite ayant entraîné la mort / un arrêt de travail / des séquelles irréversibles* – le chef d'accusation variait d'un cauchemar à l'autre.

Durant des mois, ce suspense toxique empoisonna la joie d'avoir réalisé mon rêve d'enfance, d'être enfin lu par des milliers d'inconnus. Et puis, comme je n'étais toujours pas convoqué à la PJ, rattrapé par les conséquences de mon illégitime défense, la source d'angoisse finit par se tarir pour devenir un simple remords apprivoisé, qui revenait me chatouiller de loin en loin. Définitivement persuadé d'avoir anticipé une attaque qui n'était que le fruit de mon imagination, j'avais réduit avec le temps mon *mea culpa* à un « Quel con ! » reflétant davantage l'autodérision que la mauvaise conscience. Mais quand même, le pincement au cœur et le remous de la honte revenaient chaque fois que je prenais le métro. Je finis par résoudre le problème en achetant un vélo.

Et puis, un soir de 1987, invité pour mon troisième roman au *Grand Échiquier* de Jacques Chancel, je vis une dame du public m'aborder à l'issue de l'émission. Un blouson mauve, la cinquantaine, l'air fatigué, les yeux tristes et le sourire hésitant.

La bienveillance est une arme absolue

— Bonsoir, je viens de la part de Manu.
Comme le prénom ne m'évoquait rien, elle précisa en baissant la voix et le regard :
— La station Abbesses, novembre 81.
Le temps s'arrêta. Je fis signe à mon attachée de presse de m'attendre à la sortie du plateau. Le ton neutre et courtois, évitant de paraître sur la défensive, je répondis à la dame :
— C'est-à-dire ?
— Il pense qu'il vous a reconnu, sur la photo de *Télérama*. Il m'a demandé de venir vous dire que, bon... et de vous remercier. Si c'est bien vous.
Complètement déstabilisé, je revoyais le barbu que j'avais fracassé au nom du principe de précaution. Je réussis à balbutier :
— Me remercier de quoi ?
— Il était dans une mauvaise passe, il avait absolument besoin de sa dose... C'est la première fois qu'il allait agresser quelqu'un. Et puis, il ne sait pas comment, il dit que vous l'avez senti. Et que c'était un signe. Grâce à vous, il a eu des mois d'hôpital, et, pendant sa rééducation, il a changé du tout au tout. Il a définitivement arrêté la drogue. Il a même découvert Dieu. Je suis sa maman.
Elle avait glissé la précision en refermant les doigts sur mon poignet, dans un élan de ferveur.
— Il est agent de sécurité chez Auchan, aujourd'hui. Si vous ne lui aviez pas cassé une vertèbre, il serait mort. Ou en prison, ou à l'état de légume. Il sera si content. Que ce soit bien vous, je veux dire. Il a lu vos livres, dans

La bienveillance est un électrochoc

le doute, il vous fait une pub d'enfer. Allez, je vous laisse avec vos amis. Mais vraiment, pour lui, vous êtes son ange gardien.

Je suis resté pétrifié quelques instants, suivant des yeux la maman qui, mission accomplie, rejoignait la foule des spectateurs qui s'écoulait lentement de l'auditorium. Je ne sais pas de quelle manière elle a relaté notre rencontre à son fils, mais, quelques semaines plus tard, il créait le premier de mes fan-clubs. Et, à l'avènement d'Internet, il me consacra un site.

On s'est revus deux fois. Il est mort en 2003, en tentant de maîtriser un départ de feu dans son hypermarché. À ses obsèques, sur le livre des condoléances, j'ai inscrit une dédicace que seule sa maman était à même de décrypter :

Pour Manu, avec tous mes vœux de bonheur posthume. Un ange gardien désaffecté.

12

Les pièges de la bienveillance

Revenons sur cette émission de 1987, où je découvre les bienfaits de mes coups et blessures à la station Abbesses. La gratitude paradoxale qu'ils inspirent à Manu n'est pas sans résonance avec la marque de bienveillance que je viens de subir sous forme de piège.

Jean d'Ormesson, l'invité d'honneur qui ce soir-là a souhaité ma présence à son *Grand Échiquier*, s'aperçoit de l'état second dans lequel paraît m'avoir plongé la spectatrice en blouson mauve.

— Vous avez fait une touche, se réjouit-il, l'œil luisant, dans la loge où l'on nous démaquille.

Encore sous le coup de l'émotion, je lui raconte la démarche bouleversante de la maman du toxico que j'ai démoli six ans plus tôt. Pour tout commentaire, il me presse l'épaule en se levant et, avant de s'éclipser, il me lance avec son affabilité narquoise :

— Décidément, c'est votre soirée.

Je le regarde slalomer prestement entre ses invités, ne s'arrêtant que pour un baisemain fugace à une jolie maquilleuse. Il ne peut pas mieux dire : je lui dois la pire angoisse de ma vie. La plus fructueuse, aussi, le recul aidant.

Les pièges de la bienveillance

En 1984, un jury où il siégeait avec entre autres Antoine Blondin, Félicien Marceau, Michel Déon, Geneviève Dormann, Erik Orsenna m'avait décerné le prix Roger-Nimier. À la suite du cocktail de remise, les champagnes et spiritueux Moët-Hennessy, sponsors de l'époque, avaient convié jurés et lauréat au dernier étage de leurs bureaux pour un déjeuner brillamment arrosé. Entre la poire et le fromage, Antoine Blondin tapota son verre à coups de cuillère. Un silence complice se fit autour de lui, et toutes les têtes se tournèrent vers moi. Après avoir fourragé dans sa barbe de faune, le romancier d'*Un singe en hiver* vida la bouteille de bordeaux, puis se leva avec une solennité vacillante, appuyé sur l'épaule de son voisin.

— Généralement, déclara-t-il de la voix lente et précise qui gainait son bégaiement, le lauréat est prié de monter sur la table pour chanter une chanson.

Ce n'est pas le genre de choses qu'il faut me dire deux fois. Face à un tel traquenard, on perd toujours moins de plumes en se jetant à l'eau qu'en essayant d'ouvrir un parapluie. Reposant mon verre, je grimpai sur ma chaise pour atteindre la table où Blondin, étonné que j'aie pris son assertion au pied de la lettre, s'empressa de repousser assiettes et bouteilles pour m'aménager un espace scénique. Et j'entonnai l'air du général Boum dans *La Grande-duchesse de Gérolstein*, l'irrésistible opéra bouffe d'Offenbach – cette marche à la dérision tonique dont j'avais martelé les murs de ma caserne tout au long du service militaire que je venais d'achever :

La bienveillance est une arme absolue

*À cheval sur la discipline,
Fort et vaillant,
Je vais devant moi, j'extermine
Les régiments...*

Après les applaudissements de rigueur, la plupart des jurés me félicitèrent pour ma « simplicité » – ce qui évitait de porter un jugement sur la qualité de l'exécution. L'un d'eux me dit même que ça lui avait donné envie de me lire. Moi qui n'ai pas spécialement l'esprit noces-et-banquets, je garde de ce moment un souvenir d'autant plus joyeux que les survivants avec qui l'évoquer sont devenus rares.

Et donc, trois ans plus tard, mon attachée de presse m'appelle pour m'annoncer une nouvelle qui la fait défaillir de joie :

— Jean d'Ormesson vous invite à son *Grand Échiquier* ! Il ne veut pas d'autre écrivain ! Ça y est, cette fois vous serez définitivement lancé !

C'est ainsi que, le soir du direct en public, aux studios des Buttes-Chaumont, le « lancé » en puissance arrive sur le plateau à l'appel de son nom et, l'air faussement décontracté, ressassant le pitch de son roman pour ferrer le spectateur, prend place à côté de Jacques Chancel. Lequel, après les salutations d'usage, se tourne vers son invité principal :

— Jean d'Ormesson, vous avez donc voulu mettre à l'honneur ce jeune auteur.

— Oui, c'est un baryton épatant. Il va vous chanter l'air du général Boum.

Les pièges de la bienveillance

Au regard serein que Chancel tourne vers moi, je comprends que la prestation est prévue au programme. C'est même la véritable raison de l'invitation que m'a lancée Jean d'O. Apparemment, je suis le seul à ne pas être au courant de ce qu'on attend de moi. Pire : Chancel a l'air de croire que je me suis soigneusement préparé pour ce récital en répétant avec l'orchestre, avant le direct, comme l'ont fait tous les artistes de la partie musicale. Face caméra, il me « lance » en ces termes :
— Didier van Cauwelaert, auteur des *Vacances du fantôme*, accompagné par l'Orchestre national de France.
Comment me tirer de ce piège ? Le sourire modeste, la gorge nouée, le col mouillé de sueur froide et le cœur dans les chaussettes, je me lève pour gagner le podium qui vient de s'éclairer. Les millions de téléspectateurs qui suivent assidûment la plus célèbre émission de la télé française vont assister à un naufrage qui me tuera de ridicule. C'est le chef d'orchestre qui me sauve la vie. Au premier regard, il perçoit l'affolement que je dissimule, comprend que je suis un chanteur de salle de bains qui n'a jamais travaillé avec une formation symphonique. D'un battement de paupières assorti d'une moue rassurante et d'une rotation de l'index, il m'invite à attaquer *a capella* pour connaître ma tonalité. Et, après mon intro « À cheval sur la discipline », les musiciens, bridés par sa baguette, me suivent en sourdine pour éviter de me faire dérailler, tandis qu'un clavier, à sa demande, m'égrène les notes comme on donne la becquée.

La bienveillance est une arme absolue

— Il est parfait, conclut d'Ormesson lorsque je regagne ma place, avec l'air décalé du survivant d'un accident à qui les reporters demandent ses impressions.

À la fin de l'émission, quand j'ai voulu savoir discrètement pourquoi il m'avait tendu ce piège, l'académicien au regard myosotis m'a répondu, avec la modestie altière qu'il opposait toujours aux compliments :

— J'étais obligé de vous prendre en traître, mon vieux, sinon c'eût été un banal numéro d'amateur : vous auriez été beaucoup moins sympathique. Là, vos ventes vont décoller.

Et, de fait, ni les critiques élogieuses, ni les quatre prix littéraires déjà obtenus n'avaient eu l'effet que produisirent mes fausses notes et ma panique travestie en décontraction bravache. Je dois à la bienveillance madrée de Jean d'Ormesson mon premier grand succès de librairie. « Vous avez le bouquin du romancier qui a chanté chez Chancel ? » J'étais lancé, oui. Grâce au général Boum.

*

En racontant ce souvenir cuisant aux conséquences heureuses, je repense au guet-apens que, trois mois plus tard, dans le même esprit, j'ai tendu à mon tour à un immense écrivain qui, lui, vendu à des dizaines de millions d'exemplaires, n'avait jamais reçu de distinction marquante depuis son Grand Prix de littérature policière en 1957.

Je rêvais de rencontrer cet homme aussi populaire que discret, dont les livres étaient mes compagnons de route

Les pièges de la bienveillance

depuis l'enfance. Grâce aux stations Total qui, à l'époque, offraient un livre de poche en échange du plein d'essence, j'avais découvert à neuf ans dans *Bérurier au sérail* la langue ébouriffante du commissaire San-Antonio. Son créateur, Frédéric Dard, qui protégeait sous ce pseudonyme à gros tirages une sensibilité à fleur de plume et une générosité maladive, était devenu pour moi au fil de ses romans une sorte de grand frère inconnu. Un modèle de liberté, qui répondait aux ravages galopants du « politiquement correct » par ce qu'il appelait le « poliment incorrect ». Ma meilleure amie, dont les fenêtres donnaient sur les siennes au temps où il habitait Paris, dans une période très tourmentée de sa vie, m'avait parlé de leur vis-à-vis en termes si émus que je ressentais, sous l'humour truculent de son style, les failles, les élans et les zones d'ombre de ce provocateur solaire, chez qui l'indécence était une forme de pudeur.

Mon amie n'avait jamais osé l'aborder. Moi, je résolus de l'arracher à sa campagne suisse pour le faire venir à Paris. Sous quel prétexte ? Lui remettre un prix. C'était moins intimidant pour moi, plus rigolo et plus respectueux que de le contacter, via son éditeur, pour solliciter un simple rendez-vous. Juré au Prix de l'Insolence qui venait de se créer sous la houlette de Maurice Rheims, le célèbre commissaire-priseur de l'Académie française, je fis valoir que couronner Frédéric Dard, ce « romancier de gare » que dédaignaient les cuistres, cet « auteur forain » comme il se qualifiait lui-même, serait, justement, le comble de l'insolence. Et je ne manquais pas d'arguments. À ceux qui, autour de la table de délibération, ne voyaient en lui

La bienveillance est une arme absolue

que le créateur pas très recommandable du répugnant Bérurier et de ses frasques sexuelles, je rappelai que le personnage récurrent de ses derniers romans était le président François Mitterrand, traité avec une impertinence tellement inventive qu'elle lui avait valu plusieurs invitations à l'Élysée. « Vous êtes le seul à oser me traiter si mal avec autant de finesse », lui avait déclaré le chef de l'État qui, de notoriété publique, n'avait d'estime que pour les grands auteurs. Il faut dire que, dans *Après vous s'il en reste, Monsieur le président*, Dard dépeignait les catastrophes inénarrables déclenchées au niveau international par un Mitterrand victime d'un envoûtement vaudou, et celui qu'on surnommait « Tonton » savait, quand il le fallait, mettre les rieurs de son côté.

Le jury demeurait perplexe. Mais Maurice Rheims, lecteur passionné du trublion, entérina ma proposition et nous finîmes par convaincre nos confrères et nos mécènes – les parfums Charles Jourdan, un peu marris *a priori* que le bandeau de leur prix en fût réduit à ceindre un livre de poche.

Contacté par Rheims, le lauréat, après avoir exprimé sa surprise et sa joie, accepta de venir sur la scène du Crazy Horse recevoir sa distinction des mains d'une danseuse nue, conformément aux statuts de notre Prix de l'Insolence. Je pensais que cette situation digne d'un de ses romans l'amuserait – le résultat fut plus ambigu. Entouré du corps de ballet le plus sexy de Paris, il remercia le jury en ces termes :

— Face aux perfections de ces culs et de ces nichons transcendés par la grâce, ne vous étonnez pas, messieurs, si la jolie bande que vous offrez à mon livre se transforme en cilice.

Avec son flegme pince-sans-rire, Maurice Rheims traduisit le dernier terme aux danseuses, précisant qu'il s'agissait, non d'un sextoy, mais d'une ceinture rugueuse et piquante portée à titre de pénitence. Et le lauréat fit à la meneuse de revue un baisemain de cour princière, qui la rendit écarlate comme si elle s'était pour la première fois retrouvée nue en public. Ainsi était Frédéric, ce grand blessé de la vie qui faisait tant de bien aux autres : sa délicatesse était à la mesure de sa truculence.

Quand, à son arrivée au cabaret, je m'étais présenté à lui, je n'avais pas eu le temps de lui exprimer mon admiration que déjà il me parlait en détail de mes deux derniers livres. La bienveillance que j'avais souhaité lui témoigner n'était rien au regard de la sienne. Notre coup de foudre amical, immédiat, dura jusqu'à sa mort. Rentré dans sa ferme du canton de Fribourg, il m'écrivit : « Tu es jeune, prodigue, talentueux et, probablement, à peu près heureux. Tâche à te faire pardonner tant d'insolence. J'ai rapporté de mon escapade parisienne ton sourire d'archange et ta chaleur. Le reste me laisse un confus sentiment de honte. Je me sens malheureux à point pour écrire, c'est chouette. »

Si j'évoque sa mémoire dans le cadre de cet ouvrage, c'est que pour moi Frédéric Dard a réussi l'impossible, dans la vie comme dans un livre : le pardon compassionnel à l'homme qui, en 1983, avait enlevé sa fille de 13 ans. Entrait-il dans ce pardon une part de culpabilité ? Mon ami avait connu, à un degré rarement atteint, cette expérience qui a marqué de nombreux écrivains : le sentiment de vivre après coup ce qu'ils ont inventé.

De Jean-Jacques Rousseau, subissant mot pour mot en 1757 le désastre amoureux imaginé un an plus tôt dans sa *Nouvelle Héloïse*, à André Breton qui, au lendemain d'une rencontre sexuelle lui ayant laissé une curieuse impression de déjà-vu, retrouve un texte oublié (*Le Tournesol*) où, douze ans auparavant, il avait relaté cette nuit mémorable jusque dans ses « coïncidences » les plus intimes, en passant par Oscar Wilde qui décrivit par le menu, dans *Le Portrait de Dorian Gray*, l'homme qu'il rencontrerait deux ans plus tard et qui détruirait son existence, les auteurs ayant ainsi pré-vécu par écrit leur destin sont légion. Le cas le plus spectaculaire que je connaisse est celui de l'Anglais William Stead : dix-huit ans avant la construction du *Titanic*, il publie une nouvelle mettant en scène le naufrage d'un paquebot nommé *Majestic*, suite à sa collision avec un iceberg, et l'hécatombe due au manque de canots de sauvetage. En 1912, apprenant qu'un paquebot flambant neuf, similaire en tout point à celui de sa fiction, va effectuer sa croisière inaugurale avec un nombre réduit de canots de sauvetage, en vue de battre le record de vitesse, il embarque à bord pour empêcher la tragédie qui, malgré tous ses efforts, se déroulera telle qu'il l'avait imaginée. Et il y laissera la vie.

Ce cas de bienveillance fatale obsédait Frédéric Dard. En 1983, il avait commencé l'un des romans qu'il appelait modestement ses « grands formats », pour

Les pièges de la bienveillance

les distinguer des San-Antonio classiques paraissant directement en poche. Il s'agissait de *Faut-il tuer les petits garçons qui ont les mains sur les hanches ?*[1] L'histoire d'un romancier qui lui ressemble comme un frère adoptif, un taiseux au grand cœur dont la vie bascule le jour où un inconnu, s'étant introduit chez lui à la faveur d'un reportage télévisé, lui kidnappe sa fille. Personne n'a connaissance de la fiction angoissante dont, le soir venu, il enferme les feuillets dans un tiroir. C'est à la page 132, un matin, qu'il lui arrive soudain *ce qu'il est en train d'écrire.*
— Tu as accepté une interview, lui rappelle sa femme.
Émergeant des brumes de son imaginaire, il reçoit l'équipe de tournage avec sa cordialité coutumière. Et le surlendemain, à l'heure du petit-déjeuner, il découvre la disparition de sa fille Joséphine. Le ravisseur s'était glissé dans l'équipe de tournage pour effectuer son repérage des lieux, comme Frédéric l'avait écrit quelques jours plus tôt. Et, quand il reçoit par téléphone la demande de rançon, le montant est *exactement* celui qu'avait fixé son personnage de roman.
Le drame se termine bien, dans la réalité. Joséphine est retrouvée très vite, saine et sauve, le kidnappeur est emprisonné et la vie reprend son cours. Le romancier enferme au fond d'un placard le « manuscrit qui a tenté le diable », comme il dit, et s'efforce d'oublier l'incroyable aventure en se jetant à cœur perdu dans l'écriture d'un nouveau San-Antonio.

---

1. Fleuve Noir, 1984.

La bienveillance est une arme absolue

Mais il n'y arrive pas. Cette fuite dans le « petit format » ne réussit pas à le faire dévier du chemin d'écriture qu'il s'était tracé. Il ressent l'appel du placard. Du fond de son lieu de détention, le roman interrompu réclame son auteur, son achèvement, sa transmission, son droit de réponse à la réalité.

N'y tenant plus, Dard le ressort et le termine, *tel qu'il était conçu* avant que le destin ne s'en inspire. Avec des retombées et une fin beaucoup moins heureuses que dans la vie : syndrome de Stockholm provoquant chez la kidnappée un transfert affectif sur son ravisseur, rapports obligés que le narrateur, par voie de conséquence, doit nouer avec le coupable dans sa prison...

La limite entre bienveillance et masochisme est parfois difficile à définir. Six ans après le rapt, Frédéric m'avait confié, lors d'un déjeuner, que cette entreprise de pardon était le seul moyen d'apprivoiser le remords d'avoir mentalement contribué à *faire enlever sa fille*.

La question le hantera jusqu'à sa mort : a-t-il capté inconsciemment une réalité « possible », un scénario en germe dans l'esprit d'un malfrat cherchant une proie facile à rançonner ? Ou bien son écriture a-t-elle débordé le cadre de la fiction, influencé le ravisseur, validé son projet ? Autrement dit : provoqué l'événement et, par là même, causé le traumatisme dont la vraie Joséphine mettra tant d'années à se libérer. Le roman achevé, pour Frédéric, n'avait rien résolu : il avait juste servi d'abri, dressé des murs aveugles, confiné la culpabilité et le dégoût de soi dans un univers étanche. Pour que les plaies cicatrisent. Aussi paradoxal que cela

Les pièges de la bienveillance

paraisse, la création est un milieu stérile. La bienveillance aussi.

— Tu sais ce que c'est, au fond, la bienveillance ? a-t-il conclu en vidant dans mon verre le merveilleux sauternes qu'il nous avait offert. C'est quand tu te rends compte que ta rancune n'est qu'un aveu de soumission. Que tu te laisses bouffer par les séquelles du drame. La bienveillance, c'est reprendre le pouvoir. C'est se dire : je mérite mieux que de rester la victime d'un salaud – alors tu nettoies le salaud dans ta tête pour qu'il arrête de te salir. Tu lui trouves des raisons, une détresse, des circonstances atténuantes. Et tu arrêtes de lui vouloir du mal : il t'en a assez fait. Non ?

Je ne peux qu'acquiescer, aujourd'hui encore. Mais je doute un peu que ce subtil échafaudage du cœur ait *tenu*, si mon ami avait vécu assez longtemps pour subir ce qui allait arriver à son autre fille.

*

Après le décès de Frédéric, en 2000, j'ai souvent revu Élisabeth Dard, qui travaillait chez un joaillier à Paris. Avec une belle délicatesse, elle m'a informé qu'elle avait hérité « par choix » des lettres que j'avais envoyées à son père et m'a demandé si je souhaitais les récupérer. Au contraire, j'étais heureux qu'elles continuent d'émettre auprès de cette femme lumineuse et douce les signaux d'amitié profonde que j'avais éprouvée pour Frédéric. Malheureusement, un drame atroce a interrompu cette pérennité. Un jour où j'allais lui rendre visite à sa bou-

La bienveillance est une arme absolue

tique, l'hiver 2011, une de ses collègues m'apprit qu'Élisabeth avait mis fin à ses jours. La raison évoquée le fut du bout des lèvres : un problème amoureux...

La vérité me fut révélée quelques mois plus tard, dans l'endroit le moins approprié qui soit : les coulisses de l'émission *Les Grands du rire*, où Yves Lecoq reçoit, entre deux sketchs et trois évocations de chanteurs mythiques, des écrivains qui trouvent là un temps de parole devenu rare à la télévision. L'auteur qui enregistrait sa séquence après moi, ce jour-là, le redouté chroniqueur Guy Carlier, m'entraîna à l'écart dans la cour où les invités grillaient des cigarettes. Nous ne nous étions croisés qu'une ou deux fois, mais je savais qu'il avait épousé Joséphine Dard, et il connaissait mes liens avec son défunt beau-père. Il me demanda si j'étais au courant pour Élisabeth. Au vu de mon acquiescement silencieux et meurtri, il me donna les « dernières nouvelles » qui me firent découvrir l'origine de ce suicide officiel. Il s'agissait en fait d'un meurtre par harcèlement téléphonique. Sous la coupe amoureuse d'un pervers narcissique, Élisabeth avait passé sa dernière heure au téléphone avec lui. De chantage affectif en manipulation mentale, il l'avait poussée à bout, jusqu'à la mettre au défi d'en finir, puisqu'elle prétendait ne plus supporter la vie qu'il lui infligeait. Mais non, ricanait-il, elle n'en aurait pas le courage. Elle lui avait prouvé le contraire, téléphone en main, en se défénestrant.

Les seules preuves de ce crime « aux mains propres » étaient des éclats de voix perçus par les voisins, qui permettaient de reconstituer à peu près leur dialogue, et le dernier numéro d'appel figurant dans la mémoire du portable. C'était insuffisant pour mettre en examen le suspect. Lequel, au terme de l'enquête menée par Guy Carlier, apparaissait comme un dangereux récidiviste ayant fait subir le même sort à d'autres amoureuses qui tentaient de lui échapper. C'était ce qu'on appelle un « intouchable », apparemment doté de protecteurs puissants et couvert par sa hiérarchie militaire.

Alors, Carlier alla trouver le ministre dont dépendait ladite hiérarchie, Gérard Longuet – une de ses « têtes de Turc » préférées, à l'époque, qu'il dézinguait avec brio à longueur de chroniques dans les émissions où il sévissait. Il lui exposa la situation et lui proposa un marché : « Au mépris de mon éthique professionnelle, je m'engage à ne plus jamais vous flinguer – à vous oublier, en fait, à vous rayer de ma tête –, si vous m'assurez que justice sera faite. »

Ce qui fut le cas : le piège se referma sur le coupable, et permit sans doute d'épargner la vie d'autres femmes. Cette stratégie élaborée par Guy Carlier demeure à mes yeux, sous la forme d'une offre d'armistice, l'acte de guerre le plus sain qui soit dans le domaine de la bienveillance.

13

Retours de bienveillance

Lorsqu'une personne vous a beaucoup donné, à vos débuts, il est assez valorisant de se retrouver un jour en position de lui venir en aide. Mais certains retours de bienveillance s'apparentent à des retours de bâton.

En 1982, j'avais adressé mon premier roman publié à Jean Anouilh, l'auteur qui avait déclenché ma passion pour la scène. Ma dédicace disait : « *Vous êtes le plus grand, vous êtes le plus proche.* » Petit paquet envoyé, façon bouteille à la mer, au Théâtre de l'Atelier où se jouait sa dernière création, *Le Nombril*. Et voilà que la magie, comme avec Sartre, opéra instantanément, transformant d'un coup de baguette postale le mandarin inaccessible en bienveillant au taquet. Anouilh me répondit, huit jours après, que tout lui avait plu dans le roman, hormis la dédicace qu'il trouvait « inutilement pompeuse ». Il ajouta que je devrais écrire des pièces. Je lui envoyai par retour de courrier celle que je venais de finir, *Le Nègre*. Il la lut et, le surlendemain, persuada Jean-Claude Brialy de la jouer. Je n'en revenais pas de l'urgence avec laquelle ce septuagénaire à la réputation d'ours avait décidé de donner sa chance à un inconnu – j'apprendrais par la suite que je n'étais pas le premier, loin de là. Le jeune provincial qu'il avait été, pauvre, ignoré, méprisé, rabaissé, trop « miteux[1] » pour qu'on crût à ses rêves, était toujours en embuscade au fond de lui pour réparer chez autrui le mal dont il avait souffert. Dès que Brialy lui confirma son intérêt pour ma pièce, il appela tous les directeurs de théâtre afin qu'ils la montent séance tenante.

— Chou blanc, me résuma-t-il au téléphone un mois plus tard. Ils ont tous des pièces d'auteurs connus à lui faire jouer, ils le dissuadent de servir un débutant. Je suis très remonté contre eux, je n'arrête pas de revenir à la charge, mais je ne voudrais pas non plus que mon insistance vous desserve.

Je consolai de mon mieux ce misanthrope notoire de l'échec qu'il avait essuyé en défendant ma cause. Et, dans la rage, j'écrivis en un mois, avant de partir pour le service militaire, une comédie romantique pour la seule actrice que je connaissais à l'époque, Catherine Rich. Elle fut montée en deux mois, pendant que je rampais dans la forêt de Fontainebleau en treillis boueux du 120ᵉ RT. Triomphe public immédiat grâce à l'engouement des journalistes, auquel mon statut de troufion propulsé sous les projecteurs n'était pas étranger...

— Il vient d'arriver légèrement en retard sur le plateau, me présenta Yves Mourousi dans son célèbre *JT* de TF1, parce qu'il était en train de faire la plonge dans sa caserne, c'est ça ? Priorité à la Défense nationale, accueillons l'auteur qui monte autant qu'il crapahute : le deuxième-classe van Cauwelaert.

---

1. Surnom donné par Louis Jouvet dont il fut le secrétaire.

La bienveillance est une arme absolue

Jean Anouilh, à la fois content pour moi et vexé de ce succès qui ne lui devait rien, vint voir *L'Astronome* au Petit Montparnasse, un dimanche après-midi. Il me cueillit par le bras à la sortie et, enroulé dans une grosse écharpe, l'air d'un vieil oisillon jamais rassasié, il me fit faire les cent pas dans l'impasse du théâtre durant vingt minutes pour me livrer le fond de son diagnostic.

— C'est bien, mais, sans me vanter, je préférais *Le Nègre*. Ils sont vraiment crétins : ils avaient une pièce en or entre les mains. Évidemment, elle est plus culottée, celle-ci, plus sincère en apparence – c'est-à-dire plus roublarde. Vous cassez les codes du théâtre, c'est votre droit, mais attention de ne pas crouler sous les décombres. Vous êtes suffisamment actuel pour ne pas en rajouter dans la modernité. D'autant que vous avez un vrai sens du vaudeville : ne lorgnez pas trop du côté de Becket et Pinter, ce n'est pas votre style et vous n'en aurez jamais l'étoffe.

Saluant brièvement Lars Schmidt et Jérôme Hullot, les prestigieux patrons du Théâtre Montparnasse qui étaient accourus pour le remercier de sa venue, il enchaîna sans transition que, d'après la rumeur, je vivais depuis peu avec Françoise Dorner. Je confirmai.

— En plus ! ronchonna-t-il pour conclure la litanie de critiques techniques issue de ses félicitations initiales. En plus, vous êtes aimé par l'une des meilleures actrices qui m'ait joué, et qui n'a jamais voulu être pour moi davantage qu'une amie. Ça devrait me fournir un grief de plus contre votre jeune âge, mais je vous absous. Et je vous envie. Des chances merveilleuses s'offrent à vous, Cauwelaert. Ne les laissez pas tourner au vinaigre, comme je l'ai trop fait. Vous n'avez pas comme moi de revanches à prendre sur votre jeunesse : voyagez léger.

Au sixième aller-retour qu'il me faisait effectuer dans l'allée de gravier du Petit Montparnasse, pas vraiment pressé de retrouver sa retraite suisse, ses conflits de famille et ses médecins, il s'arrêta pour me regarder par-dessus ses petites lunettes rondes :

— Ah oui, au fait, tous les directeurs qui m'avaient jeté votre *Nègre* à la tête veulent le monter, maintenant que la critique vous encense. Dites-leur non, ça me ferait plaisir. Même s'ils vous proposent des vedettes qui remplissent. En fait, ils ont appelé Brialy qui les a envoyés paître. Il me dit qu'il n'a pas digéré leur manque d'intérêt pour votre texte à l'époque, leur absence de flair ni surtout leur indifférence à mon enthousiasme, et qu'il va racheter les Bouffes-Parisiens pour vous jouer chez lui.

Ce que fit Brialy, trois ans plus tard. Mais Anouilh ne vint pas. Diminué par les crises d'angine de poitrine, il se refusait à mourir dans un théâtre. Il disait : « Molière claquant sur scène, ça a du sens ; Anouilh agonisant dans le public, ce serait grotesque. » *L'Astronome* fut la dernière représentation à laquelle il assista.

*

Longtemps, je me suis demandé comment je pourrais rendre à Jean Anouilh la monnaie de ma pièce. La réponse est venue de lui. Au moment où *Le Nègre* part en tournée après une première saison à Paris, voilà qu'il publie ses mémoires. Un matin, Bernard Pivot, qui m'a

La bienveillance est une arme absolue

reçu à *Apostrophes* pour mes deux précédents romans, me téléphone :

— J'ai invité Anouilh, il a refusé, mais il m'a dit de vous appeler. Il estime qu'il est trop vieux pour se montrer, et que vous vendrez mieux son livre que lui.

Ravi de pouvoir représenter l'auteur qui, jadis, avait joué les imprésarios pour l'inconnu que j'étais, j'accepte avec fierté la proposition. Je reçois aussitôt par coursier les livres des autres participants. Plateau étonnant, où Françoise Sagan côtoie Peter Man, agent des services secrets israéliens qui, en 1960, captura le criminel de guerre Adolf Eichmann à Buenos Aires – enlèvement rocambolesque que le James Bond du Mossad raconte sous la plume enflammée d'un journaliste du *Jerusalem Post*, Uri Dan.

Je me retrouve donc en direct face à deux chasseurs de nazis, pour défendre *La vicomtesse d'Eristal n'a pas reçu son balai mécanique*. Avec son ironie habituelle, Anouilh a choisi pour titre un de ses premiers écrits « professionnels » : une note de service rédigée à l'époque où il débutait au bureau des réclamations d'un grand magasin. Françoise Sagan et ses deux voisins, Yves Salgues et Jean-Noël Kapferer, renchérissent sur moi pour saluer ce livre au ton de « jeune homme libre », qui ressemble si peu aux mémoires empesés qu'on aurait pu attendre de la part de l'auteur français le plus joué dans le monde. Et puis voilà qu'Uri Dan, le chasseur de nazi sur papier, casse l'ambiance en lançant d'un ton inquisiteur :

— C'est vrai que Jean Anouilh a critiqué les opérations de la Résistance française contre l'occupant allemand ?

Retours de bienveillance

Un silence polaire retombe sur le plateau. D'un geste de maître de maison qui passe le plat, Pivot m'invite à répondre. Comme si, à vingt-six ans, j'étais le mieux habilité à juger les acteurs d'une époque que je n'ai pas connue. Pris de court, j'improvise une défense courtoise et vague, rappelant que, si l'on trouve effectivement des personnages de collabos dans le théâtre d'Anouilh, il ne faut pas confondre leurs répliques avec le point de vue de l'auteur. Mais l'enquêteur israélien insiste :

— Anouilh a écrit que des otages français avaient été exécutés en représailles contre les opérations de la Résistance.

Oui, et alors ? C'est un rappel des faits, pas une critique de fond. Les phrases pataugent au fond de ma gorge, des voyants d'alarme clignotent dans les yeux de mes confrères. Venu défendre les couleurs d'un vieux jeune homme qui s'est confié avant de mourir, voilà qu'il m'incombe de le blanchir, de décaper les noirceurs imaginaires que la rumeur lui prête. M'échauffant un peu, je précise que tout ce qu'on peut reprocher à Anouilh, sous l'Occupation, c'est d'avoir été joué devant des spectateurs allemands au même titre que Sartre, Guitry et tous les grands noms du théâtre de l'époque.

— Je suis choqué, répond froidement Uri Dan.

Moi aussi. Je suis là pour célébrer la légèreté bienfaisante que diffuse ce génie de l'écriture dramatique avec sa liberté de ton, pas pour réveiller les lourdeurs nauséeuses par lesquelles les envieux s'efforcent encore de le censurer. Espérant fissurer la chape de plomb que nous inflige le signataire de *Capturer Eichmann*, je lui concède que, certes, Anouilh souligne dans son livre les vertus du couvre-feu imposé par les nazis – mais il le fait pour des raisons purement théâtrales. Un soir où ce fameux couvre-feu est avancé d'une demi-heure, l'auteur metteur en scène se voit en effet contraint d'effectuer, en pleine représentation, des coupes sauvages dans sa pièce, afin que le public ne soit pas obligé de partir avant la fin. Ainsi l'un des acteurs, sortant de scène après avoir dit « Je reviens », tombe-t-il sur Anouilh en coulisses qui, biffant son texte, lui glisse : « Finalement, non ». Et il avoue dans ses mémoires que jamais sa pièce ne fut meilleure, grâce aux coupes indirectement infligées par l'occupant allemand.

— Je suis choqué, répète mécaniquement le biographe du Mossad.

— Mais c'est juste du théâtre...

— Je ne le vois pas comme ça.

Alors, pour lui enlever ses œillères, j'utilise comme argument son propre livre, où il relate avec jubilation une scène éminemment théâtrale que je me fais un plaisir de lui rappeler. L'agent Peter Man et son équipe, qui viennent d'enlever Eichmann en plein Buenos Aires pour l'exfiltrer sous une identité bidon, découvrent que la photo collée par les techniciens du Mossad sur le faux passeport ne ressemble plus, mais alors plus du tout, au vieillard précocement flétri qu'ils sont chargés de ramener en Israël. Leur seul recours : offrir un lifting express à leur prisonnier pour qu'il redevienne « raccord ». Lorsque l'ancien dignitaire nazi, responsable direct de la mort de centaines de milliers de juifs, se réveille de son anesthésie, il découvre dans le miroir qu'il a vingt ans de moins. Son bref sourire d'émerveillement faustien cède la place à une résignation lucide. Il sait que sa jeunesse retrouvée signe son arrêt de mort.

— C'est vrai qu'on dirait une scène d'Anouilh, confirment les autres invités.

Coup de théâtre loufoque au service d'un devoir de mémoire et de justice : l'Eichmann lifté, embarqué sous sédatif dans un vol direct pour Tel Aviv, soutenu jusqu'à son hublot par ses ravisseurs qui jouent les fêtards ivres morts, sera jugé et pendu deux ans plus tard.

À l'issue de l'émission, Uri Dan, toujours aussi rigide, vient me dire qu'il vérifiera mes informations sur Anouilh. Alors Françoise Sagan, dans un élan pince-sans-rire, s'accroche à mon épaule en lui déclarant qu'elle va m'engager comme porte-parole, face aux journalistes comme lui qui l'accusent, depuis deux ans, d'avoir fait une overdose de cocaïne en Colombie durant le voyage officiel où l'avait conviée le président Mitterrand, et d'avoir coûté aux contribuables un rapatriement sanitaire en jet privé. Feignant un mouvement de recul, je toise Sagan d'un air glacial :

— C'est vrai ? Je suis choqué.

Alors Uri Dan, inattendu, éclate de rire, et nous trinquons tous les trois à la santé d'Anouilh. Je n'oublierai jamais ce moment de tension balayé par nos sens de l'humour – le plus court chemin qui mène à la bienveillance.

Il n'empêche que le lendemain, au téléphone, j'essuie la fureur de l'intéressé :

La bienveillance est une arme absolue

— Vous cherchez les coups, Cauwelaert, ou quoi ? Ça ne sert à rien de s'attaquer aux calomnies, je me contrefiche de mon « image », comme ils disent, je suis en train de claquer et c'est vous qui allez vous cogner mes ennemis ! C'est malin !

Sous-entendu : avec tout ce que j'ai fait pour vous. Cette forme de bienveillance réprobatrice, qui consiste à dissuader vos alliés de vous défendre pour préserver leur réputation, me touche autant qu'elle me... choque, pour rester dans la thématique. Je suis toujours passé outre, et je l'ai rarement payé cher.

En l'occurrence, au niveau des retombées, ma plaidoirie improvisée chez Pivot ne m'aura valu que deux cadeaux sans prix : la connivence amicale de Françoise Sagan, et un bref courrier d'Uri Dan confirmant que, dans les archives du Comité d'épuration mis en place à la Libération, le dossier de Jean Anouilh ne contenait « rien de consistant ».

Quelques jours après son engueulade téléphonique, mon vieux mandant m'envoya un exemplaire dédicacé de *La vicomtesse*, où il avait tracé de son écriture tremblante :

« *Au chevalier Cauwelaert, qui a savamment défendu au tournoi de Pivot les couleurs du vieux chevalier fourbu.* »

Il mourut huit mois plus tard et, dans ma mémoire, ces dernières lignes reçues de lui se sont collées à celles que lui avaient inspirées, cinq ans auparavant, la lecture de ma première pièce :

Retours de bienveillance

Merci de m'avoir donné l'illusion, en vous lisant, que c'est moi jeune homme qui l'avais écrite.

On aura compris pourquoi j'aime « rouler pour les autres », comme me l'a reproché un jour un gendarme de la littérature. La gratitude demeure un de mes plus grands bonheurs sur Terre. Moteur de ma bienveillance, elle lui sert aussi de pare-chocs et de roue de secours.

14

Abus de bienveillance

Plus à l'aise dans la précarité artistique que dans les contraintes de la sécurité, j'ai toujours mis un point d'honneur à ne vivre que de ma plume, sans exercer de « vrai » métier, comme disent les gens. Dépendre de mon inspiration, de ma puissance de travail et de mon public est paradoxalement, pour moi, une source de confiance et de sérénité. Sauf que... Dans l'élan de mes premiers succès, les folies, les générosités sans modération et quelques escroqueries subies me mirent, à l'aube de mes trente ans, dans une situation d'endettement critique dont je voyais mal l'issue. De 1984 à 1988, les revenus cumulés de mes romans, de mes pièces et de mes scénarios m'avaient donné l'illusion que cette manne serait sans fin. Mon seul objectif financier étant de gagner suffisamment d'argent pour ne pas avoir à y penser, cette forme de désintérêt m'avait fait renoncer aux placements aussi bien qu'aux crédits pour dépenser au fur et à mesure tout ce qui rentrait, comme si « nettoyer » mon compte permettait de faire de la place aux futures sommes à engranger. Je m'offris donc *cash* la maison d'écriture en pleine forêt dont je rêvais, la Rover P4 de 1963 conforme, en taille réelle, à ma Dinky Toys préférée, ainsi que tous les plaisirs

Abus de bienveillance

sans remords liés à l'humanitaire et au bonheur matériel des personnes que j'aimais. Je faisais table ouverte, signais des chèques à tour de bras, m'abstenant de toute comptabilité – ma conception du luxe. Autrement dit : l'insouciance prodigue d'un enfant avec la puissance de feu d'un adulte.

Et puis la machine se mit à gripper. Roman difficile à terminer, hostilité du nouveau patron du Seuil accusant mon éditeur Jean-Marc Roberts de consentir des à-valoir excessifs à « un auteur incontrôlable qui n'aurait jamais le Goncourt », nouvelle pièce qui peinait à se monter, défaut de paiement d'un producteur de cinéma... Au lieu de m'employer à faire des économies, j'augmentai encore ma cadence de travail pour résorber le déficit – ce qui contribua à le creuser, l'écriture nécessitant que je fasse l'impasse sur tout souci matériel de nature à l'entraver. Dans mon cas, la concentration est le plus court chemin qui mène à la ruine. D'autant que, sur le plan fiscal, ayant choisi l'option irrévocable de l'étalement des revenus sur cinq ans, je traînais derrière moi quatre années prospères dont le coût, en matière d'impôts, correspondait quasiment aux bénéfices de l'exercice en cours. Une situation de cauchemar qui n'était supportable que lorsque je m'échappais dans mes fictions. Cette forme d'évasion fiscale, la seule que j'aie jamais pratiquée (moins par vertu que par besoin de tranquillité morale), s'apparentait à un suicide. Elle me sauva la vie.

À mon arrivée à Montmartre, en 1981, j'étais devenu client du Crédit commercial de France, parce que l'agence était agréablement située au pied des escaliers

La bienveillance est une arme absolue

de la Butte et la guichetière sexy. Le sous-directeur qui, à l'avènement de mes premiers droits d'auteur, avait pris en charge mon compte, était un personnage singulier tout droit sorti d'une pièce d'Anouilh. Aristocrate sans le sou cumulant un physique d'oiseau de proie et une bonhomie enjouée, toujours en veston pied-de-poule et nœud papillon, le marquis Louis de Pebeyre, issu d'une prestigieuse lignée corrézienne, usait son temps dans la gestion bancaire afin de financer les kilomètres carrés de toiture de son château de famille, dont la semi-ruine garnie d'échafaudages ornait le mur de son bureau sous forme de carte postale. Beaucoup plus intéressé par les lettres que par les chiffres, les rendez-vous qu'il me proposait, tous les deux mois, étaient pour lui un prétexte à parler littérature plutôt qu'une occasion de me suggérer des placements. Quand, le coude à la portière de ma vieille anglaise de collection, je fis la une du magazine *Lire* en 1986, illustrant le dossier « Les intellos au volant », M. de Pebeyre ajouta sa passion des mécaniques d'antan à nos causeries bimestrielles.

— Ah oui, on m'avait dit de vous présenter notre nouveau contrat SCPI, disait-il sur un ton d'excuse, au moment de prendre congé, feignant de se rappeler trop tard l'objectif que son supérieur lui avait confié. Je vous ai pris assez de temps, nous verrons ça la prochaine fois.

Et puis vint mon premier découvert. C'est lui qui m'en informa brièvement, à l'issue d'un coup de téléphone destiné à recueillir mon pronostic sur l'attribution du prix Nobel de littérature.

Abus de bienveillance

— J'ai mis en place une autorisation de dépassement, conclut-il, vous n'avez pas à vous en soucier. Consacrez-vous à vos œuvres.

Double conseil périlleux que je m'empressai d'écouter. Dans les mois qui suivirent, ladite autorisation de dépassement crût au rythme de mon découvert, qui se mit à atteindre des profondeurs abbyssales.

— Ne vous inquiétez pas, insistait le marquis du CCF, lorsqu'il m'annonçait l'arrivée d'un prélèvement qu'il aurait dû refuser pour défaut de provision. La banque suit. En vue d'augmenter votre ligne de crédit, j'ai transmis à la commission votre estimation de patrimoine que je me suis permis de gonfler, pour être conforme aux réalités du marché. La maison d'un écrivain comme vous, c'est une plus-value certaine. Et je leur ai garanti que votre prochain livre, avec le sujet que vous m'avez raconté, allait faire un malheur.

— Merci.

— C'est moi.

En fait, plus j'étais dans le rouge, plus il repeignait les indicateurs en vert. Au fil des ans, être « couvert » par ce banquier de conte de fées était devenu à mes yeux une situation normale, pour ne pas dire naturelle, tant son insouciance réconfortante et sa confiance en ma solvabilité future paraissaient le fruit de son expérience en matière de profil des clients.

— Vous serez très bientôt revenu dans le positif, m'assurait-il sur un ton d'extralucide.

J'aurais bien aimé qu'il m'explique de quelle manière. Malgré le taux minimal qu'il m'avait négocié en termes

La bienveillance est une arme absolue

d'agios, je ne voyais vraiment pas comment j'allais pouvoir m'en sortir sans pièce à l'affiche, ni film en tournage, ni livre sous presse. La seule rentrée du mois était un prêt du réalisateur Georges Lautner, pour qui je peinais à terminer un scénario dont Gaumont m'avait déjà réglé l'échéance de remise. « Comme ça, tu auras l'esprit libre pour les dialogues », m'avait dit Georges avec sa délicatesse bougonne, en signant le chèque que je ne lui avais pas demandé.

Vint le jour où mon découvert franchit la barre exorbitante des quatre cent mille francs – soixante mille euros d'aujourd'hui. Et ce n'était pas fini : pour faire face aux factures et aux prélèvements fiscaux, il fallait d'ici quinze jours une rallonge de cinquante mille francs à mon autorisation de dépassement. Je demandai un rendez-vous d'urgence à M. de Pebeyre, qui savait très bien quelle en était la raison et qui m'accueillit avec son enthousiasme habituel :

— Je suis heureux que vous m'ayez appelé, j'allais le faire. J'ai une très bonne nouvelle pour vous.

Ce n'était plus de la bienveillance, c'était du sacerdoce. Ce banquier qui dépensait sans compter pour une toiture voulait-il racheter son âme en finançant mon surendettement ?

— Cette fois, nous allons parler chiffres, s'excusa-t-il. J'ai une affaire exceptionnelle à vous proposer. Vous qui aimez les vieilles anglaises, je suppose que vous n'avez rien contre les Rolls-Royce.

Mon silence désarçonné lui procura un gloussement de plaisir. Je haussai les sourcils avec une petite moue fataliste, pour valider poliment sa déduction.

Abus de bienveillance

— Je m'en doutais, ponctua-t-il en se frottant les mains. J'ai donc une opportunité fantastique à vous soumettre. Un de mes clients a acheté d'occasion dans une vente aux enchères une Rolls-Royce Silver Shadow, mais il vient d'apprendre à qui elle appartenait, et il veut s'en débarrasser tout de suite à n'importe quel prix. Je vous l'ai négociée à cinquante mille francs. C'est bien, non ?

J'étais suffoqué. Il avait consulté mon compte, il savait bien que je venais solliciter une énième « facilité de caisse » – ce n'était plus de la facilité que je lui demandais, cette fois, c'était du tour de force. Et voilà que la rallonge que j'espérais obtenir de lui, il me proposait de la dépenser aussi sec sous la forme d'une Rolls de collection. Ce type était fou. J'étais peut-être tombé sur l'équivalent de ces joueurs compulsifs pour qui la plus forte des sensations est le vertige de la ruine – par procuration, dans son cas. Le marquis de Pebeyre, Robin des Bois dégénéré, s'employait à mettre le Crédit commercial de France en difficulté pour subventionner le découvert d'un saltimbanque.

On se regardait sans mot dire. Au fil des secondes, je voyais son excitation d'enfant se déliter dans un dépit inattendu. Je compris soudain que j'étais en train de le blesser. Si je ne restais pas dans l'ambiance surréaliste que son incroyable protection avait instaurée, je me discréditais. Et je risquais de perdre son soutien, en cessant d'être à la hauteur des rêves qu'il puisait en moi. Rassemblant les éléments de son offre, j'eus alors une inspiration soudaine, un trait de génie qui fit grimper ma cote au-delà de ses espérances. Je choisis, au lieu de le ramener à la raison, d'afficher un air méfiant :

La bienveillance est une arme absolue

— La Silver Shadow... c'est un modèle de 74 ?
Son sourire de gamin revint instantanément.
— Comment le savez-vous ?
— Je suppose que c'était celle de Thierry Le Luron.
Il se renversa en arrière dans son fauteuil, épaté. Sans abuser de mon avantage, je précisai ma source d'un air modeste : j'avais lu dans *Auto-Rétro* que la Rolls en question était récemment passée en vente publique, dans le cadre de la succession de l'imitateur. Sans doute son acquéreur, en apprenant le nom de l'ancien propriétaire, avait-il craint d'attraper le sida en touchant le volant.
— Vous êtes impayable, s'exclama-t-il.
M'abstenant de relever l'adjectif, je m'apprêtais enfin, page tournée, à aborder l'épineuse question de mon découvert, quand il me relança :
— Alors, c'est oui ? Vous l'achetez ?
L'impatience crevait l'écran de son visage de flambeur refoulé. J'ai eu la nette intuition que, si je le décevais, je resterais à jamais dans le rouge. Je le suivis donc sur son terrain en poussant un soupir tracassé :
— Ç'aurait été avec plaisir, mais il y a un problème.
— Lequel ?
Il s'était rembruni à nouveau. Lui objecter l'état de mes finances eût été une grave maladresse. Si je m'avisais de réduire nos rapports privilégiés aux relations basiques qu'il était contraint d'entretenir avec ses autres clients, je ne présenterais plus d'intérêt à ses yeux. Je n'avais ni le droit ni les moyens de le vexer. Alors j'ai précisé la nature de ma réserve :

— 1974, c'est la série 2. Les normes américaines. Pare-chocs en caoutchouc sans chromes, plus de tablettes en loupe de noyer à l'arrière...

— Ah merde, commenta-t-il d'une petite voix.

Il n'était pas déçu, il était navré. Il avait cru bien faire. Il m'a demandé pardon d'avoir abusé de mon temps. Avec la même délicatesse qu'il avait mise à me détourner de mes angoisses pécuniaires, je me suis efforcé de lui faire croire que le seul obstacle à mon achat de sa Rolls était lié au mauvais millésime.

— La vraie Silver Shadow, pour moi, s'arrête en 1969.

— Message reçu, conclut-il en me raccompagnant avec son affabilité revenue. Je vous tiens au courant, si jamais je tombe sur un modèle d'avant.

Et, tout en m'ouvrant sa porte, il ajouta d'un ton subsidiaire :

— En ce qui concerne votre ligne de crédit, je l'ai montée à cinq cent mille. Ça ira ?

Pour me maintenir à flot dans son regard malicieux, je ne pouvais faire à moins que de répondre :

— Pour l'instant, oui.

Son sourire s'allongea, et je repartis sur un petit nuage – le cumulus de légèreté insolente sur lequel ce magicien déconcertant m'avait juché pour nettoyer mon ciel d'orage. J'ignore quelle était sa marge de responsabilité, quel danger il courait en protégeant, au mépris de la raison, un zozo déficitaire comme moi. Il prenait une revanche, c'est probable, sur ses renoncements personnels, son univers bancaire ou sa lignée. Avait-il dû signer

La bienveillance est une arme absolue

une décharge à mon profit ? Si je continuais de sombrer, l'entraînerais-je dans mon naufrage ?

Je n'eus pas à connaître la réponse, car, à mon grand étonnement, tout se passa comme il l'avait prédit. Le Goncourt, en effaçant d'un coup mes dettes, me permit de naviguer à nouveau dans le vert. Le jour de la remise du prix, je téléphonai pour inviter mon gentilhomme du CCF au cocktail organisé par Albin Michel. Je me réjouissais de le présenter à l'autre personne qui, depuis mon départ du Seuil, avait assuré ma survie financière et romanesque avec autant de flair que d'envergure : l'éditeur Richard Ducousset. À l'agence Montmartre, une voix inconnue m'annonça que le banquier avait pris sa retraite. Je ne pus m'empêcher d'interpréter la coïncidence. Sa mission d'ange gardien achevée pour mon compte, il avait regagné le ciel ouvert de son château en attente d'ardoises.

Mon découvert comblé dans la semaine par le raz-de-marée des ventes d'*Un aller simple*, je n'éprouvai pas d'urgence à contacter le successeur de M. de Pebeyre. Mais, touchant mes droits d'auteur par virements échelonnés, il arriva un jour où, au lendemain d'un tiers provisionnel, je me retrouvai dans le rouge d'un peu moins de mille francs. Un teigneux comminatoire m'appela dans l'heure en estropiant mon nom pour m'enjoindre vertement, sous peine d'annulation de ma carte bleue, de « réguler » sur-le-champ ce dépassement non autorisé. Il ne comprit pas mon éclat de rire. Apparemment, monsieur le marquis était parti avec tout l'arsenal de protection indue que sa bienveillance avait mis à mon service.

Abus de bienveillance

J'envoyai bouler l'agent de régulation qui s'était substitué à mon épongeur de dettes, j'ouvris un compte à l'Union de banques à Paris où une dame charmante était spécialisée dans les placements adaptés aux « artistes à revenus irréguliers » et, lorsque CCF et UBP furent absorbés par le géant HSBC, je n'eus plus jamais de relation personnelle avec les intermittents à court terme qui se succédèrent sous l'appellation « Votre conseiller ». Généralement, quand je prenais le temps de rappeler le nouveau venu qui naguère m'avait annoncé par courrier sa nomination, il était déjà remplacé par un autre chargé de clientèle qui me « contacterait ultérieurement ». Mon cas avait-il fait jurisprudence ? Le souci majeur des banques, depuis l'âge d'or de ma précarité, semble être d'éviter qu'un lien se crée entre le déposant et son gestionnaire, afin de prévenir le genre de bienveillance abusive dont j'avais bénéficié.

C'est ce que me confirma, quinze ans après son départ en retraite, mon protecteur de l'agence Montmartre, au Salon du livre où j'eus la joie de le voir surgir, inchangé hormis quelques kilos de gourmandise corrézienne. Tout ému d'avoir été reconnu et spontanément appelé par son prénom, mon ancien banquier le fut plus encore lorsque je racontai à mes lecteurs alentour, visiblement conquis, ce que je devais à ce magicien de mes années de vaches maigres. Quand j'évoquai l'épisode de la Rolls de Thierry Le Luron, il obtint un franc succès qui le fit rougir de fierté modeste.

Il me remercia pour les joies buissonnières que je lui avais offertes dans sa carrière bancaire, me donna des

La bienveillance est une arme absolue

nouvelles de sa toiture et de la 4 CV Renault qu'il restaurait dans sa grange, puis il repartit en serrant sur son cœur mon dernier livre dédicacé, tel un retour sur investissement.

15

La bienveillance compensatoire

Je ne sais quelles blessures personnelles, quels sacrifices ou quelles désillusions ce châtelain désargenté avait soignés grâce à la bienveillance, lorsqu'il finançait à perte un écrivain dans le rouge, mais j'ai souvent ressenti, de mon côté, les effets compensatoires de la générosité disproportionnée. Je les ai même éprouvés, récemment, *après coup*. Sans que j'en aie eu le moindre pressentiment, l'élan d'altruisme inopiné auquel j'avais cédé, juste avant de sauter dans un avion, allait m'immuniser de façon radicale contre la trahison d'amitié qui m'attendait à l'atterrissage.

C'était un après-midi bouchonnant où j'étais arrivé *in extremis* à Orly. Sitôt jailli du taxi, je m'étais arrêté pour chercher ma carte d'identité que je craignais d'avoir oubliée chez moi. À peine avais-je mis la main dessus que j'entendis cet « Excusez-moi de vous déranger », morne et machinal, qui est devenu le lot quotidien de tout voyageur dans le métro, les gares ou les aéroports. Le « Désolé, je n'ai pas le temps » qui était monté spontanément à mes lèvres resta figé. La jeune fille, en tenue basique de SDF portant sa maison sur son dos, était aussi jolie que défigurée par un goitre thyroïdien, plus large que son visage, qui ballottait sous son menton façon couilles d'éléphant. Le contraste était saisissant entre son physique contemporain, tatouages et piercings, et cette maladie d'autrefois quasiment disparue de nos sociétés « riches », qu'on ne rencontre encore à grande échelle qu'en Inde ou en Afrique centrale.

Avec un débit rapide et sans fioritures adapté à la clientèle pressée des aéroports, elle m'expliqua en quelques phrases précises son état de santé, le déni de ses parents qui l'avaient mise à la porte le jour de ses dix-huit ans, l'interruption forcée de ses études, vu l'épuisement lié à sa pathologie, la prise en charge médicale retardée par des vices de forme administratifs, l'incapacité de travail ou de chômage rémunéré qui en résultait, la nécessité d'aller pointer chaque jour au dispensaire dans l'attente d'un traitement à l'iode radioactif, et son choix de résidence principale dans le parking « longue durée » d'Orly pour des raisons de sécurité.

J'avais posé ma valise. Voyant le haussement de sourcils provoqué par son dernier mot, elle justifia :

— Il y a des box inoccupés avec des grilles. J'ai payé les mecs qui tiennent le sous-sol et j'ai acheté un cadenas : ça me permet d'éviter les viols.

J'ai dégluti avec un regard vers ma montre. En renouvelant ses excuses, elle m'a demandé si je pouvais lui donner un ou deux euros pour son RER du lendemain. Je n'avais pas le temps de l'interroger plus avant sur les aberrations de la Sécu ni les marchands de sommeil rackettant les sans-abri.

— Venez.

La bienveillance compensatoire

Je l'ai conduite au distributeur le plus proche, et j'ai retiré le maximum autorisé sur une période de sept jours.
— Que tout aille bien, ai-je dit en lui tendant les billets.
Elle ne les a pas pris tout de suite. Elle me regardait avec une fascination où l'incrédulité le disputait à une forme de reproche. Comme si l'impassibilité que j'affichais par pudeur la rendait coupable d'un abus de faiblesse, elle m'a rappelé à l'ordre, les yeux dans les yeux :
— Vous ne vous rendez pas compte que vous me sauvez la vie.
— Je vais rater mon avion, pardon. Laissez-moi un numéro, si vous voulez.

Je ne rapporte pas cet épisode pour étaler un réflexe de générosité ; j'ai bien moins de mérite aujourd'hui à traire un distributeur de billets que lorsque je donnais des pièces aux nécessiteux, à l'époque où j'étais dans le rouge. Mais je le raconte pour le cadeau inestimable avec lequel je repartis : ce sourire d'émerveillement dans son beau visage harassé aux extensions hideuses. Ce cadeau dans lequel se réfugia quelques heures plus tard mon désarroi, ma blessure et ma rage, quand j'entendis les calomnies qu'une amie de longue date, à qui je vouais une confiance sans bornes, déversait sur moi dans la boîte vocale d'une autre personne aussi chère, tentant de la monter contre moi en me prêtant des propos mensongers qui « révélaient ma pingrerie ». Je n'entrerai pas dans le détail, puisque j'ai fait jouer la prescription en pardonnant après avoir montré que je n'étais pas dupe, et notre amitié s'est reconstruite sur la base d'une déception commune regardée sous l'angle des torts et griefs

La bienveillance est une arme absolue

réciproques. Lorsque ce livre paraîtra, la cicatrice de ma blessure ne sera plus qu'une ride morale. Mais je tiens à fixer sur le papier l'extraordinaire secours que fut pour moi, dans un moment d'impuissance atterrée face à l'insoupçonnable rancœur tapie sous les marques d'affection, cette lueur d'espoir d'une ravagée de la vie qui, à dix-neuf ans, avait soudain vu se brouiller les repères sinistres qui jalonnaient son quotidien. « Vous ne vous rendez pas compte que vous me sauvez la vie... » Cette phrase, je pouvais la lui retourner, même si ma santé et mes jours n'étaient pas en danger – juste mon cœur d'ami ayant cru bien faire, et que l'on brisait au motif que ce n'était pas assez.

Chère inconnue d'Orly, c'est à mon tour de vous dire merci pour le rempart que m'a offert votre gratitude. J'ai perdu votre numéro que j'avais griffonné sur un bout de papier avant de courir à l'embarquement, mais je vous cherche machinalement des yeux chaque fois que je me rends à Orly, et j'ai décidé que, si je ne vous y voyais plus mendier le coût de vos lendemains, c'était une bonne nouvelle. Je ne sais combien de nuits d'hôtel près de votre dispensaire mon retrait de carte bleue a pu vous offrir, l'accès à quels traitements non remboursés, mais j'espère qu'en vous redonnant foi en l'inespéré, cette goutte d'eau dans votre désert vous aura aidée à lutter contre l'assèchement du monde.

Quant aux égarements de l'amie contre lesquels votre détresse interrompue m'avait servi d'antidote, seule m'importe aujourd'hui la force étonnante de ce remède. Et le pardon mutuel a nettoyé la tache sans laisser d'au-

La bienveillance compensatoire

réole. J'ai réparé le mal qu'on m'avait fait en dissipant le malentendu qui en était la cause, mais si ma confiance ne s'est pas rétablie en un jour, c'est la lucidité qui l'y a aidé bien plus que la mansuétude. La nature d'un être humain n'est pas résumable aux crasses ponctuelles qu'il nous inflige, ni aux états de grâce auxquels il nous permet d'accéder. Le tout est de savoir concilier les deux, pour pouvoir continuer, quand il le faut, à jouer les anges sans y laisser trop de plumes.

16

La bienveillance thérapeutique

Disposition d'esprit émettant, comme toute activité du cerveau, un champ électromagnétique, la bienveillance serait-elle susceptible d'agir à distance ? Pourrait-elle diffuser des ondes ayant un effet positif sur le moral et le physique de sujets éloignés ? C'est ce que laissent entendre de nombreuses expériences et mesures publiées dans des revues scientifiques.

La première qui m'ait frappé est l'étude menée à l'hôpital Saint Luke de Kansas City, dans les années 2000, sur « l'application clinique du pouvoir de l'esprit ». Le protocole est simple : on forme deux groupes, le premier composé de croyants divers, le second d'athées bienveillants, et on leur demande de se concentrer sur des numéros de lit. Ils ne connaissent ni les malades ni leur pathologie. Ils se contentent d'exprimer mentalement un espoir de guérison pour le 125 ou le 212. Et ce, à l'insu des malades. Portant sur un millier de patients, l'expérience met en évidence une baisse significative de la mortalité par cancer, une diminution de la pression artérielle, une amélioration des fonctions immunitaires et endocriniennes. Et on a pu constater que la prière des croyants comme les simples « bonnes ondes » envoyées

La bienveillance thérapeutique

par les athées semblaient avoir un effet comparable[1]. Confirmées par des études ultérieures aux États-Unis comme en Europe, de tels résultats semblent dus à la *conviction* plus encore qu'à la foi. La conviction de pouvoir aider.

À l'appui de cette hypothèse, on peut assister sur YouTube aux effets spectaculaires d'un protocole appliqué dans un hôpital de Pékin : la disparition en temps réel d'une tumeur cancéreuse de huit centimètres de diamètre[2]. En plan large, une caméra vidéo filme à la fois l'écran de l'échographie, l'infirmière qui place la sonde sur le ventre d'une patiente atteinte d'un cancer de la vessie, et trois thérapeutes qui psalmodient un mantra tout en se concentrant mentalement sur ladite tumeur. Cette dernière est visible en « *live* » sur la partie droite du moniteur, et en photo échographique (prise au début de l'expérience) sur la partie gauche, afin de pouvoir mesurer un éventuel changement de taille ou d'aspect. En deux minutes et quarante secondes, comme en atteste le time-code, la tumeur se résorbe en totalité sous nos yeux.

Cette vidéo hallucinante, à la diffusion plus ou moins autorisée par le gouvernement chinois, ne serait, en fin de compte, que l'illustration d'un pouvoir sur la matière et le temps dont chacun de nous dispose, selon l'ingénieur Gregg Braden. Ce concepteur de systèmes informatiques pour l'aérospatiale, auteur du best-seller

---

[1]. Dr Herbert Benson, *Le Principe de l'étincelle*, Tchou, 2008 ; « The Revolutionary Practice of Mind Body Medicine », conférence à la Harvard Medical School, 17-21 septembre 2012.
[2]. www.youtube.com/watch?v=XgvfhY3tNd0/

La bienveillance est une arme absolue

mondial *L'Éveil au point zéro*[1], est le premier à avoir dévoilé ce film lors d'une conférence à Milan en 2014. « Ce n'est pas un miracle, commente-t-il, c'est de la technologie. Une fabuleuse technologie intérieure. »

Mais quelle est la traduction du mantra chinois qu'on entend sur la vidéo, ressassé sur le ton d'une formule magique ? « Déjà parti. » Dans le souci d'augmenter le pouvoir de leur bienveillance, ces thérapeutes psychiques, plutôt que d'entreprendre de soigner le cancer, ont choisi de le *nier*. Du moins de se comporter comme si la tumeur n'avait déjà plus d'existence réelle. « En émettant les pensées et ressentant les émotions résultant d'une telle situation, écrit Gregg Braden, ils provoquèrent un nouveau résultat, une possibilité quantique en accord avec leur croyance du moment[2]. »

La célèbre méthode Coué, fondée sur la pensée positive, ne fonctionne pas autrement. On touche là au principe même de la mécanique quantique : notre conscience crée la réalité. L'information génère l'énergie et l'énergie engendre la matière ; donc, l'énergie est capable de réinformer la matière. Autrement dit : en décidant avec suffisamment de force et de confiance que le problème n'existe plus, on le supprime.

Cette incroyable faculté de la pensée humaine se vérifie dans un cas de figure beaucoup plus « courant » que la désintégration vidéo d'une tumeur : l'effet placebo.

---

1. Gregg Braden, *L'Éveil au point zéro*, Éditions Ariane, 1998.
2. *Id.*, *Nous ne sommes pas ce que la science dit de nous*, Guy Trédaniel, 2018.

La bienveillance thérapeutique

En moyenne, 35 % des sujets traités à leur insu avec des substances neutres, n'ayant aucune propriété thérapeutique, présentent des améliorations significatives, prouvant par là non pas que le médicament réel est inefficace, mais qu'il peut être facultatif. Comme on l'apprend dans les études publiées par Thomas J. Hurley[1], une série de tests sur la douleur, destinée à comparer les effets de l'aspirine et ceux d'un simple cachet de sucre, montre que le taux d'efficacité du traitement simulé est de 45 %. Mais ce taux atteint 56 % lorsque le groupe sous placebo croit recevoir, non plus une dose d'aspirine, mais une injection de morphine. L'efficacité du placebo semble donc proportionnelle à la puissance prêtée au traitement qu'on a l'illusion de suivre.

Et ces résultats ne se limitent pas aux bienfaits qu'on en retire. Au cours d'une enquête portant sur un relaxant musculaire, la méphénésine, 15 à 20 % des sujets testés en ont ressenti les effets secondaires (nausées, démangeaisons, palpitations cardiaques...), alors qu'ils n'avaient absorbé qu'un placebo. Effets secondaires éventuels dont ils avaient naturellement été informés, avant le début du traitement.

Pour une raison sans doute analogue, des études sur un nouveau type de chimiothérapie ont révélé une perte de cheveux chez les patients du groupe de contrôle, n'ayant pris qu'un produit neutre incapable de causer le moindre dommage. Ainsi, au même titre que la bienveillance et

---

1. Thomas J. Hurley, « Placebo Effects: Unmapped Territory of Mind/Body Interactions », *Investigations*, vol. 2, n° 1, 1985.

La bienveillance est une arme absolue

l'espoir d'une amélioration, la peur et la résignation peuvent-elle créer des effets sans cause matérielle.

Qu'en est-il alors de la malveillance ? Ce n'est pas le sujet de ce livre, mais ceux qui ont constaté le pouvoir des envoûtements vaudous, notamment certains médecins occidentaux confrontés à des maladies sans origine physique décelable, ont témoigné de leur impuissance face aux conséquences d'une supposée action à distance. Mon lumineux confrère Tobie Nathan, qui a longtemps dirigé la consultation d'ethnopsychiatrie à l'hôpital Avicenne de Bobigny, cite des cas où le seul fait de se croire la cible d'un « mauvais sort » suffit à créer de graves désordres physiques, sans origine autre que la conviction de la victime[1].

Une forme d'auto-envoûtement similaire semble être à l'œuvre dans ce qu'on appelle l'effet nocebo. J'ai mentionné le cas des conséquences indésirables que le patient déclenche en lui alors qu'il n'a consommé qu'un produit inerte, mais il y a bien pire : l'augmentation de cancers occasionnée par les photos de tumeurs malignes, poumons carbonisés, trous dans la gorge et autres illustrations « dissuasives » sur les paquets de cigarettes. Sujet tabou dans les agences de lutte contre le tabagisme, mais crainte relayée par de plus en plus de médecins invoquant le danger du mimétisme inconscient : pour de nombreux fumeurs qui, incapables de « décrocher », absorbent ces images mortifères à chaque cigarette, les campagnes anti-tabac tuent.

---

1. Tobie Nathan, *L'influence qui guérit*, Odile Jacob, 1994.

La bienveillance thérapeutique

Question sous-jacente : la malveillance, destinée à nuire ou à sensibiliser, est-elle plus efficace que la bienveillance ? En théorie non, dans la mesure où notre psychisme et notre physiologie, à moins de subir un déficit immunitaire ou une déviance maso, sont enclins à renforcer un effet positif et à combattre tout phénomène d'agression extérieure. Encore faut-il avoir l'instinct de résister aux conséquences, potentiellement dangereuses, de la peur instaurée au service de notre santé.

*

Revenons aux études sur la pensée thérapeutique. S'agissant de l'action d'un guérisseur à distance ou de la simple intention d'une personne qui nous « veut du bien », on est en droit de se demander comment chemine un tel influx. Si la bienveillance est une arme à longue portée, quel en est le mode de fonctionnement ? Diverses expériences permettent de conclure qu'on n'a pas affaire à une « simple » onde électromagnétique, laquelle diminue en intensité à mesure qu'elle progresse dans le temps et l'espace. En 1990, le Pr Jacobo Grinberg-Zylberbaum, neurophysiologiste, a placé des sujets en méditation relaxante (ondes alpha) dans deux cages de Faraday éloignées l'une de l'autre – rappelons que ces cages ont la propriété de stopper les ondes électromagnétiques. Envoyant au sujet A des stimulations sonores ou électriques à l'insu du sujet B, il a constaté que ce dernier les recevait pourtant lui aussi, *en temps réel*. Des protocoles similaires, plaçant un magnétiseur et son patient

La bienveillance est une arme absolue

dans des cages de Faraday, à des milliers de kilomètres l'un de l'autre, ont permis de constater qu'*à la seconde précise* où le thérapeute se concentre sur la photo de la personne à traiter, celle-ci, même si elle n'est pas prévenue, ressent des effets (chaleur, picotements...) dans la zone sur laquelle il « travaille ».

Mêmes résultats immédiats confirmés par des éleveurs du Limousin, quand ils adressent à la « télé-thérapeute » Valérie Sainpaul les numéros figurant sur les boucles d'oreille de leurs moutons ou de leurs vaches malades[1]. Et difficile, dans ce cas, d'imputer les guérisons observées à une forme d'autosuggestion.

Une communication instantanée entre deux cerveaux existerait donc, en dehors de tout signal électromagnétique « classique ». Quel serait alors son moyen de transmission ? Les ondes scalaires. Il s'agit d'un « bruit de fond » permanent en provenance du cosmos, reçu et retransmis par l'eau en mouvement, les roches, les végétaux, les animaux et les humains. C'est le génial inventeur Nikola Tesla qui, dans les années 1900, fut le premier à mettre en évidence ce rayonnement.

Mais comment utiliser de telles ondes pour faire cheminer une pensée à but thérapeutique ? En 1950, le physicien allemand Winfried Otto Schumann postula que tous les organismes vivants, des plantes à l'être humain, entrent en résonance sur une même fréquence vibratoire égale à 7,83 Hz – un chiffre qui est le produit de la division de la vitesse de la lumière dans le vide par la

---

1. Valérie Sainpaul, *Je suis leur intermédiaire*, First, 2018.

La bienveillance thérapeutique

circonférence du globe terrestre. Il fallut dix ans pour réussir à mesurer réellement toutes ces émissions, et à confirmer l'intuition du physicien. Permettant d'orienter « à volonté » les ondes scalaires, ce phénomène qu'on appelle aujourd'hui la « résonance de Schumann » est-il le vecteur de nos intentions bienveillantes et de leurs effets à distance ?

J'ai développé ces explications techniques dans mes deux tomes du *Dictionnaire de l'impossible*[1]. Mais, que l'on connaisse ou non le canal emprunté par notre énergie mentale, le tout est de la faire circuler. Ce qui importe, c'est de se dire que, « techniquement », tout concourt à ce que nos pensées soulagent le monde.

---

1. Plon, 2013 et 2015.

17
La bienveillance donne-t-elle des super-pouvoirs ?

On connaît de nombreux exemples de mères ayant subitement repoussé toutes limites physiques quand il s'agissait de sauver leur enfant, soulevant des voitures, des poutrelles, bravant l'incendie, l'inondation, la tempête... L'amour maternel, bien sûr, se situe au-delà de la bienveillance ; le lien génétique (ou affectif dans le cas de l'adoption) détermine son action en même temps qu'il la cible. Mais qu'en est-il lorsqu'on est amené, dans une situation extrême, à mettre en danger sa vie pour sauver celle d'« étrangers » ? Penchons-nous sur cette forme d'héroïsme qui, point culminant de la bienveillance, semble obéir à ce qu'on pourrait appeler l'« instinct de la survie de l'autre ».

Le 26 août 1988, suite à une fausse manœuvre à l'entrée du port péruvien de Callao, un brise-glace japonais percute par le flanc arrière gauche un sous-marin militaire, le *Pacocha*. L'eau envahit aussitôt le compartiment des machines, par une brèche de deux mètres de hauteur et dix centimètres de largeur. Court-circuit, incendie. Sur-le-champ, le capitaine sacrifie sa vie pour fermer de l'extérieur le premier volet de passerelle, évitant ainsi

La bienveillance donne-t-elle des super-pouvoirs ?

l'inondation du poste de manœuvre. Mais trop d'eau s'est engouffrée à l'arrière, et le *Pacocha*, s'enfonçant par la poupe, touche le fond à quarante-deux mètres.

Trente hommes sont bloqués dans l'épave, condamnés à mourir noyés. En effet, le volet supérieur du sas n'a pu se fermer hermétiquement, les chevilles de sûreté se trouvant accidentellement en position de verrouillage, c'est à dire sorties. La seule solution est de soulever manuellement le volet d'acier, et d'actionner le volant pour faire rentrer les chevilles.

C'est ce que tente le commandant en second, un lieutenant de vaisseau de trente-deux ans, Roger Luis Cotrina Alvarado. Il grimpe l'échelle glissante tandis que des trombes d'eau se déversent sur lui. Sa tentative échoue. Se résignant à mourir, il lâche prise et se met à prier pour que son équipage survive. « Je perçus alors une explosion de lumière qui chassa toute pensée de ma tête, déclarera-t-il plus tard. À partir de ce moment, je sentis en moi la force physique et spirituelle nécessaire pour agir en faveur de mon salut et de celui de tous mes compagnons. »

D'un coup, il parvient à soulever le volet et à manœuvrer la vanne actionnant les chevilles. La porte du sas peut dès lors se refermer hermétiquement. Il n'y a plus qu'à attendre les secours. Mais le brise-glace japonais s'est abstenu de signaler l'accident qu'il a causé – ce qui vaudra deux ans de prison à son commandant –, et l'équipage risque à présent de mourir asphyxié.

Alvarado décide alors l'évacuation par le sas de secours. Littéralement dopés par l'énergie que leur officier déve-

La bienveillance est une arme absolue

loppe au service du groupe, les sous-mariniers réussissent, sans équipement de plongée, à atteindre la surface quarante-deux mètres plus haut. Le témoignage du lieutenant de vaisseau, devenu du jour au lendemain une vedette mondiale, déclenchera une enquête aux conclusions renversantes.

Le problème majeur mis en évidence par les experts en submersibles, c'est le poids que l'héroïque jeune homme est supposé avoir soulevé. « À cette profondeur, ont-ils écrit dans leur rapport, la pression exercée par l'eau sur le volet équivalait à quelques cinq tonnes, compensées par la pression interne du sous-marin, d'environ une tonne. Ainsi le poids que dut soulever Alvarado pour accomplir la manœuvre de fermeture était au minimum de trois tonnes huit[1]. »

Rappelons à titre indicatif le record du monde d'haltérophilie, aux Jeux olympiques de Londres en 2012 : deux cent trente-trois kilos. On est loin du compte. Mais Ilya Ilyin, le champion kazakhe, ne pouvait compter que sur ses seuls muscles. Dans le cas d'Alvarado, les croyants ne manquèrent pas d'invoquer une intervention divine, un miracle déclenché par la force de sa prière. Mais on peut aussi se demander si, techniquement, la puissance inexplicable dont il a fait montre ne provenait pas du *groupe* pour qui il agissait. La fameuse résonance de Schumann, cette fréquence unissant tous les êtres, avait-elle pu transmettre et concentrer la force de chacun en un seul, celui qui s'était porté volontaire, celui qui incarnait

---
[1]. Rapport US Navy, 1989.

La bienveillance donne-t-elle des super-pouvoirs ?

leur seul espoir de survie ? Trois tonnes huit qu'on divise par trente et un, ça ne fait plus que cent vingt-trois kilos par personne – un poids soulevable.

C'est l'hypothèse que développait le Pr Rémy Chauvin dans ses cours à la Sorbonne. Conciliant sa foi chrétienne et le besoin de justifier scientifiquement les prodiges qu'elle pouvait déclencher, ce génie de la biologie avait coutume d'affirmer : « La foi, c'est une impulsion qui dope les facultés spirituelles et physiques. Et son meilleur catalyseur, c'est la bienveillance. »

On peut illustrer ce postulat à travers quelques exemples spectaculaires, étudiés par les médecins sur le lieu concentrant le plus de phénomènes biologiques « impossibles » au regard de la science : Lourdes. Plus de sept mille cas de guérisons inexpliquées ont été reconnus par la médecine, à peine soixante-dix par l'Église, laquelle impose un cahier des charges très supérieur à la « simple » constatation d'un phénomène physique dépassant l'entendement : le postulant doit non seulement avoir été guéri de manière instantanée et définitive, mais prouver, en parole comme en action, qu'il a été touché par la Grâce et qu'il s'en est montré digne. « Beaucoup d'élus mais peu d'appelés », concluait Chauvin avec sa malice iconoclaste.

Sous l'angle de la bienveillance déclenchant des prodiges, examinons le cas de sœur sainte Béatrix, née Rosalie Vildier – n° 31 sur la liste officielle des miraculés homologués par les évêques sur proposition des médecins. Le 3 août 1904, cette religieuse de quarante-deux ans, au dernier stade d'une bronco-laryngite tuberculeuse, arrive à Lourdes avec le pèlerinage diocésain d'Évreux. Des personnes qui l'aiment l'ont mise dans le train contre son gré : elle est à bout de souffrance, quasiment aveugle, elle ne demande qu'à rejoindre le Seigneur. Mais elle a quand même accepté le voyage, pour ne pas faire de peine à ceux qui espèrent la sauver. Dans le wagon, elle s'est chargée de la détresse de sa voisine, une jeune fille qui se meurt de la même tuberculose. Et c'est pour cette inconnue qu'elle prie, de toutes ses dernières forces, quand on la plonge dans l'eau de Lourdes. Rosalie en sortira guérie, instantanément[1].

Sur le moment, confrontée à la ferveur enthousiaste des centaines de témoins, la religieuse rend grâce, mais elle s'obstine dans ses prières : *ce n'est pas ce qu'elle avait demandé*. Sa bienveillance n'a pas été entendue, ce miracle est pour elle une erreur de destinataire. D'autant que sa jeune protégée du train, elle, n'a pas survécu.

Un an plus tard, malgré sa cécité, Rosalie reviendra à Lourdes remercier tout de même la Vierge Marie, mais surtout prier pour l'âme de la jeune fille dont elle estime avoir « volé » la guérison. Comme une tendre ironie du Ciel, ce merci qui demande pardon a un effet immédiat : elle recouvre la vue[2].

Jusqu'à sa mort, la double miraculée (que le Bureau médical de Lourdes surnommait « 31 *bis* ») est venue, chaque année, prêter main-forte aux hospitaliers, ces bénévoles qui se mettent au service des pèlerins malades

---

1. Pierre Lunel, *Les Guérisons miraculeuses*, op. cit.
2. Dr Théodore Mangiapan, *Les Guérisons de Lourdes*, Œuvres de la Grotte, 1994.

La bienveillance donne-t-elle des super-pouvoirs ?

ou handicapés. Certains chercheurs pensent que leur bienveillance active serait, peut-être, l'un des catalyseurs de cette formidable énergie spirituelle à l'œuvre dans le sanctuaire des Pyrénées. Si Lourdes est un « laboratoire de miracles », ils en seraient les laborantins. Alliée à l'espoir que focalise en ce lieu tant de guérisons inexpliquées, la force émotionnelle de ces gens de tous horizons sociaux, jeunes ou vieux, croyants ou agnostiques, ne serait pas moins « conductrice » que l'eau de la source. Une eau qui, de par sa composition, ne possède en tout cas aucune vertu curative, si ce n'est cette « mémoire chargée d'information émotionnelle régénérante » dont parlait en juin 2012 le prix Nobel de médecine Luc Montagnier, au Ier Colloque scientifique international de Lourdes[1].

Quant à Brenda O'Regan, de l'Institut des sciences noétiques de Californie, elle a déclaré au sujet des points communs entre les différentes guérisons lourdaises : « Les personnes qui en bénéficient ne sont pas en position de demande, mais d'ouverture et d'empathie[2]. » Ainsi la bienveillance sacrificielle qui animait une Rosalie Vildier, son lâcher-prise de la souffrance personnelle au profit du rétablissement d'un tiers, auraient-ils pu provoquer, au niveau biologique, la décharge d'énergie nécessaire pour mettre les cellules en hyperactivité quantique, créant un « retour à la normale » quasi instantané.

---

1. « Et si les miracles de Lourdes étaient scientifiquement prouvés ? », www.lexpress.fr, 8 juin 2012.
2. Brenda O'Regan, *Healing, Remission and Miracle Cures*, Institute of Noetic Science, Special Report, 1987.

La bienveillance est une arme absolue

Un phénomène que les médecins de Lourdes observent depuis 1858 – semblable à celui constaté en 2014, à l'hôpital de Pékin, sur la vidéo commentée par Gregg Braden.
 Si la bienveillance ne fait pas toujours des miracles, elle semble créer les circonstances les plus favorables pour qu'ils se produisent.

18

Le jour où la bienveillance arrêta une guerre

À la fin des années 1980, en pleine guerre entre Israël et le Liban, des universitaires américains lancèrent, sous le nom de « Projet international pour la paix au Moyen-Orient », une expérience tout à fait inédite, avec l'accord de l'Organisation des Nations unies. Il s'agissait d'envoyer sur les lieux ravagés par le conflit un commando de « rêveurs d'élite », entraînés à la bienveillance offensive, avec pour mission de se réjouir en éprouvant un sentiment de paix, comme si la guerre était *déjà finie*. Même procédé que celui employé, on l'a vu, par les guérisseurs chinois pour éliminer une tumeur en anticipant sa disparition – ou du moins en se projetant mentalement dans un espace-temps où elle n'existait plus.

Aussi incroyable que cela paraisse, sur tous les lieux de combat traversés par cet escadron de « Casques roses », comme les surnommait le philosophe Jean-François Revel, la paix dont ils se félicitaient *devenait une réalité*. Arrêt des actions terroristes, baisse significative des attaques et des ripostes, respect spontané de trêves inattendues, fraternisation des factions rivales... Les résultats furent si spectaculaires qu'ils ont été relatés, analysés, modélisés dans une très sérieuse revue académique internationale, le *Journal de résolution des conflits*. Problème : dès que les combattants de la réconciliation anticipée relâchaient leur pression joyeuse et leur gratitude inspiratrices de cessez-le-feu, dès qu'ils arrêtaient de ressentir la paix, la guerre reprenait le terrain[1]. Ils devaient donc lutter à la fois contre la tentation du lâcher-prise une fois leur devoir accompli, et la lucidité correspondant chez eux à une forme de reddition. Autrement dit, ils se voyaient contraints, encore et toujours, de pratiquer l'aveuglement comme source de lumière.

Objet d'une communication retentissante à l'ONU, on imagine que ce protocole n'a pas manqué d'être appliqué à d'autres conflits. Eh bien non. Du moins, pas dans ce sens-là. Ce qui a été expérimenté, au vu de plusieurs rapports « secret défense » déclassifiés ces derniers temps, c'est l'art et la manière de déclencher des émeutes et des guerres par le même processus mental – ce qui, on en conviendra, ne relève pas du tour de force. À la manière des « chauffeurs de salle » qui excitent le public d'une émission avant son enregistrement, des commandos psychiques ont été chargés de faire monter la tension au moment voulu dans telle ou telle partie du globe, afin d'alimenter les usines d'armement et d'assurer le show en continu des chaînes d'information.

---

1. David W. Orme-Johnson, Charles N. Alexander, John L. Davies, Howard M. Chandler et Wallace E. Larimore, « International Peace Project in the Middle East: The Effects of the Maharishi Technology of the Unified Field », *Journal of Conflict Resolution*, vol. 32, n° 4, 1988, p. 776-812.

Le jour où la bienveillance arrêta une guerre

Dans un monde où la diplomatie internationale, réduite à des tweets d'injures et d'autopromotion, confond le dialogue avec la démonstration de force, le but des superpuissances est évidemment de se fabriquer toujours de nouveaux ennemis pour entretenir le suspense, les peurs et l'idéal nationaliste, ce qui permet par surcroît de museler les contestations intérieures au nom du patriotisme. Dernière trouvaille de l'infatigable Trump : la création d'une force spatiale, sur le modèle de l'US Army ou de l'US Navy, en vue de provoquer, dans l'intérêt supérieur de l'industrie américaine, des conflits en dehors de l'atmosphère terrestre. Afin d'accélérer le vote des crédits, il ne restera plus qu'à faire croire à des attentats d'origine extraterrestre pour mobiliser des alliés contre les Aliens, et le tour sera joué. Ceux qui dénonceront ces magouilles seront qualifiés de théoriciens du complot, comme d'habitude, tandis qu'en toute bonne conscience l'espace sera mis à feu, à sang et à profit. Le fanatisme islamiste ayant montré ses faiblesses, comme avant lui les différentes variétés de fascisme et de communisme, il faut bien renouveler le casting des méchants.

Seule poche de résistance à cette logique de guerre économique : le réseau des 7 747. Il s'agit d'un groupe d'influence issu du combat pacificateur de nos « Casques Roses » des années 80. En effet, sur la base des résultats obtenus par ce bataillon de rêveurs de paix, on élabora une théorie. Des psychologues et des statisticiens de l'université de Princeton réussirent à définir le nombre de personnes nécessaires pour stopper mentalement une guerre. D'après leur étude, il suffit que la racine carrée

La bienveillance est une arme absolue

de 1 % de la population concernée ressente la paix, alors celle-ci deviendra réalité. Sur un million d'habitants, il faut donc que cent personnes projettent le bonheur de l'armistice pour qu'elle finisse par être signée. À l'échelon de la planète, d'après le calcul effectué par Gregg Braden en 2007, nous aurions besoin en conséquence de 7 747 permanents afin d'assurer la paix mondiale[1].

Je connais l'un d'eux. Il est impossible de lui téléphoner entre 19 heures et 19 h 30. Chauffeur de taxi à Paris, il arrête ses courses en fin d'après-midi, rentre dans sa banlieue et se met en « disponibilité » sur son canapé pour contribuer, avec ses milliers de camarades tout autour de la planète, à éteindre les conflits du jour. Grisé par certains succès, il lui arrive de s'exprimer comme Flaubert parlant de sa Madame Bovary. La chute du mur de Berlin, c'est lui. Le fou rire réconciliant devant les caméras du monde entier Eltsine et Clinton, c'est lui aussi. La détente inattendue avec la Corée du Nord, c'est encore lui. Le renoncement *in extremis* de Trump au moment de bombarder l'Iran, en juin 2019, c'est sa fille. Il lui a passé le flambeau, l'hiver dernier, le temps de se remettre de son AVC – un accident du travail, comme il dit. Ainsi, tel un supporter estimant de bonne foi que c'est lui qui a gagné le match, le soldat psychique n'est-il pas à l'abri de cet effet secondaire de son investissement à distance : l'exaltation de l'ego. Ce travers est-il de nature à renforcer le pouvoir de ceux qui s'arment de bienveillance ?

---

1. Gregg Braden, *La Divine matrice*, J'ai Lu, 2017.

Le jour où la bienveillance arrêta une guerre

Quels que soient les effets réels ou non de cette ingérence à heure fixe dans les tensions internationales, il suffit de se laisser conduire par ce Taxi Bleu pour voir le monde sous un jour aimable, gagné par la confiance méthodique d'un rêveur hyperactif qui conjugue avec bonheur la prise en charge du client et celle de la planète. À la manière du coiffeur qui, dans *Travelingue* de Marcel Aymé, influence la politique française chaque fois qu'il coupe les cheveux d'un ministre, les 7 747 se doivent, disent-ils, de « proposer des solutions sans entrer dans le débat ». Sinon, ils risqueraient de perdre, dilués dans les idées générales ou les polémiques stériles, leur point de vue et leur capacité d'action.

19

Quand la bienveillance sort de ses gonds

Puisque j'ai mentionné Marcel Aymé, attardons-nous un instant sur ce personnage hors du commun qui a toujours été mon auteur préféré, sur le plan littéraire comme sur le plan humain. De la lucidité sans aigreur à l'ironie compréhensive, de la tendresse empathique à la défense virulente des opprimés, il incarne pour moi toute la palette de la bienveillance.

Après une enfance tranquille à la campagne au début des années 1900, une grave maladie musculaire l'oblige à interrompre des études qui auraient fait de lui un ingénieur ou un médecin. Sous l'impulsion de sa sœur Camille, il décide alors de se consacrer à sa passion d'écrire, tout en exerçant de petits boulots alimentaires comme figurant de cinéma ou démarcheur à domicile. Débarquant un jour chez un client éventuel pour lui proposer une assurance sur la vie, il le trouve la ventouse à la main, s'efforçant en vain de déboucher ses cabinets. Spontanément, il lui propose son aide, parvient à redonner son plein rendement au système d'évacuation, refuse toute rémunération et repart, content d'avoir rendu service, en ayant complètement oublié de placer son contrat d'assurance.

Quand la bienveillance sort de ses gonds

Tout Marcel Aymé est dans cette anecdote. Dénué de cet ego qui constitue généralement la colonne vertébrale des écrivains tout en permettant leur souplesse d'échine, il n'avait de rigueur et de suivi que dans son œuvre, ses amitiés et ses engagements ponctuels. Le reste n'était que silence attentif, discrétion, détachement de soi. Son imagination débridée au service d'un réalisme implacable, son humour audacieux et sa compassion mutique impressionnaient autant qu'ils déstabilisaient. Un exemple parmi tant d'autres est l'attitude qu'il eut envers Jean-Claude Brialy. Propulsé à vingt-cinq ans au sommet de la Nouvelle Vague par *Le Beau Serge* de Claude Chabrol, le comédien, suite à un accident de tournage, se retrouva cloué au lit, des mois durant, dans un corset de plâtre. Marcel Aymé vint lui rendre visite, spontanément. Ses premiers mots furent l'une des plus longues phrases qu'on l'ait jamais entendu prononcer :

— À votre âge, j'ai dû rester couché longtemps, moi aussi, mais ce n'est pas forcément une mauvaise chose ; vous verrez comme ensuite on se sent libre.

Et, alors qu'ils ne s'étaient rencontrés qu'une fois et qu'ils n'avaient pas de projets ensemble, le célèbre écrivain, qui venait de faire scandale et salle comble au théâtre avec *La Tête des autres*, comédie féroce contre la peine de mort, prit l'habitude de venir à son chevet une fois par semaine avec son sourire discret, ses paupières tombantes et son allure funèbre égayée par des cravates jaunes.

— Il me demandait de mes nouvelles, il s'asseyait près de mon lit et il restait une heure, sans rien dire, m'a raconté Jean-Claude. C'était adorable, mais c'était assez gênant. Je faisais la conversation, il acquiesçait, l'air ailleurs, et ne relançait jamais. Un jour, n'y tenant plus, je lui dis : « Marcel, je suis très touché que vous veniez me voir, mais vous avez sûrement des milliers de choses à faire. » Il resta silencieux, comme s'il se posait la question intérieurement. Et puis, son sourire s'allongea d'un centimètre et il répondit de sa voix douce et grave : « On est si bien. »

Laissant ses personnages parler pour lui, l'auteur du *Passe-Muraille* quittait rarement sa réserve légendaire, mais, alors, ça faisait du bruit. Et c'était toujours en réaction à des attaques visant les autres. Il arrive que la bienveillance, quand elle n'est pas entendue, conduise à des représailles d'une force égale à celle de l'élan initial demeuré sans effet. C'est ainsi que l'un des hommes les plus effacés de France, celui qui, à l'instar de son ami Jean Anouilh, déclarait aux journalistes : « Je n'ai pas de biographie, et j'en suis bien content », se dressa à deux reprises contre le pouvoir en place – l'occupant allemand et un président de la République – avec une violence et un mépris du danger encouru qui laissent pantois.

Ce conteur paisible, qui insérait le surnaturel dans le quotidien pour mieux en disséquer les rouages, était tout sauf un donneur de leçons, un porteur d'étendard, un va-t-en-guerre. Au cœur de ses fictions comme face à l'actualité, il écrivait ce qu'il avait à dire, c'est tout. Mais, quand il rédigeait au vitriol un article prenant la défense des juifs contre l'obligation du port de l'étoile jaune, il le faisait publier non pas au moyen des imprimeries clan-

Quand la bienveillance sort de ses gonds

destines de la Résistance, mais dans la presse collaborationniste « autorisée » par les nazis. Le scénariste Henri Jeanson, grande figure de la Résistance, en témoigne dans ses mémoires : « Je me souviens très bien que Marcel Aymé le silencieux, dont l'impassibilité n'était qu'apparente, écrivit un article d'une violence inouïe contre les responsables de ces mesures ignobles et humiliantes qui nous atteignaient tous. L'article fut accepté, composé et soumis à l'obligatoire censure allemande, qui, comme prévu, en interdit la publication. À l'imprimerie, les typos en tirèrent alors de nombreuses épreuves à la brosse et se firent un devoir de les distribuer autour d'eux, avec prière de faire circuler[1]. »

Mais vint le moment où, pour cet inclassable humaniste, le papier ne fut plus suffisant pour s'opposer à l'ignominie. Descendant un matin de sa butte Montmartre, il alla forcer la porte de la Kommandantur. Là, avec la ferme autorité qu'on emploie pour contester une facture, il s'insurgea contre la politique de déportation imposée au gouvernement de Pétain. Les responsables allemands furent tellement désarmés par cette attaque surprise, dans leurs murs, d'un écrivain solitaire n'étant ni collabo notoire ni soupçonné de résistance active, qu'ils le laissèrent vider son sac et repartir sans l'arrêter.

Après la Libération, Aymé déploya, à l'opposé, la même ardeur suicidaire pour obtenir la grâce de son confrère Robert Brasillach, dont les crimes de guerre, soulignait-il,

---

1. Henri Jeanson, *Soixante-dix ans d'adolescence*, mémoires posthumes, Le Livre de Poche, 1973.

La bienveillance est une arme absolue

bien qu'inexcusables, n'étaient que des paroles et des écrits. Il lança une pétition que signèrent des intellectuels et des artistes de tout bord comme Albert Camus, Jean Cocteau ou François Mauriac, puis, son dossier sous le bras, il alla trouver le général de Gaulle. Celui-ci lui promit de commuer la peine de mort en détention, mais, sous la pression des communistes, laissa fusiller l'écrivain. Aussi, quand le président Vincent Auriol, en 1948, voulut remettre la Légion d'honneur à Marcel Aymé, ce dernier lui répondit sous la forme d'une lettre ouverte que, dans un pays où tantôt l'on fusille et tantôt l'on décore, il le priait de bien vouloir, sa Légion d'honneur, « se la carrer dans le train ».

À l'époque, une injure publique au chef de l'État vous conduisait droit au tribunal, ce qui n'était pas vraiment l'objectif d'un conciliateur comme Vincent Auriol. Alors le président réunit une commission de hauts magistrats, qui planchèrent sur la question pour délivrer au bout du compte un verdict hallucinant de clémence roublarde : cette lettre ouverte, publiée dans la presse, n'était point parvenue à son destinataire. Il n'y avait donc pas d'offense ni de matière à poursuites.

Ainsi un écrivain à la bienveillance intraitable peut-il parfois donner, par contagion, du talent aux autorités qui essuient ses provocations.

20

La bienveillance en tant que riposte

Est-ce l'influence de Marcel Aymé qui, dans des circonstances bien plus anodines, me fit dire non merci quand un ministre, d'un air onctueux, me laissa entendre qu'il me suffirait de solliciter la Légion d'honneur pour l'obtenir ? J'ai précisé que je préférais m'en tenir à la décoration que j'avais reçue à titre militaire, en 1983, durant mon service national. Impressionné, il me demanda pour quel acte héroïque j'avais été distingué. Il s'agissait de la mise en scène du spectacle de Noël pour les enfants de gradés, priorité numéro 1 dans ma caserne de Fontainebleau, où j'avais eu l'insigne plaisir de diriger mon conscrit Patrick Bruel. À l'issue d'une générale bourrée de colonels, l'état-major m'avait décerné la Médaille du 120ᵉ RT – c'était la première fois qu'un soldat la recevait, non pour son comportement sur un champ de bataille, mais pour une prestation sur les planches. C'est dire si, au regard de cette récompense artistico-militaire, les décorations civiles faisaient pâle figure à mes yeux – en dehors du Mérite agricole dont je ne m'estimais pas totalement indigne, vu le mal que me donnait mon jardin.

Voilà ce que je répondis au ministre désireux de m'honorer – une façon de botter en touche sans trop le vexer.

La bienveillance est une arme absolue

Deux jours plus tard, son collègue de l'Agriculture me faisait appeler pour m'annoncer qu'il se ferait une joie de me remettre le Poireau – nom d'usage du Mérite agricole –, mais il fut limogé dans le mois, ce qui permit à ma boutonnière de conserver sa virginité.

Cela étant, les distinctions que préfèrent les auteurs, ce sont les prix et les premières places sur les listes de ventes. Aussi fus-je assez flatté quand, à 26 ans, je me retrouvai gagnant d'un hit-parade. En cet hiver 1987, *Le Figaro* avait effectué un vaste sondage au sein de la critique littéraire pour désigner les « écrivains de l'avenir ». J'étais arrivé en tête, suivi par Patrick Besson et Éric Neuhoff. Quelques jours plus tard, dans *Le Matin de Paris*, le journaliste Guy Konopnicki ironisa sur la « victoire » de ces trois jeunes hussards médiatiques. Besson lui répondit alors dans *L'Humanité* sous la forme d'un dialogue entre Neuhoff, lui et moi, lequel débutait par des plaisanteries douteuses sur le nom de Konopnicki.

En voyage à l'étranger durant cet échange de sarcasmes par voie de presse, j'appris à mon retour, atterré, que ces propos avaient créé une vive émotion au sein de la communauté juive, et qu'on m'accusait d'antisémitisme. Jean-Marc Roberts, qui, à l'époque, nous éditait Besson et moi, me conseilla d'arrêter au plus tôt cette rumeur démente. Je me rendis donc au siège parisien de la LICRA, la Ligue internationale contre le racisme et l'antisémitisme, où j'expliquai que je n'avais aucun lien avec les paroles que mon confrère me faisait prononcer dans son dialogue de fiction.

La bienveillance en tant que riposte

Trois activistes présents dans les locaux, après m'avoir accueilli par un glacial « On n'aurait jamais cru ça de vous », décidèrent alors, scandalisés par la situation, de laver mon honneur en allant fracasser le coupable. J'étais un peu embêté. Besson m'avait joué, volontairement ou non, un tour de cochon, mais ça ne suffisait pas à effacer l'estime que m'inspirait l'auteur de *Lettre à un ami perdu*.

Alors, pour dissuader le comité de représailles d'aller lui faire « bouffer sa copie », j'improvise. À brûle-pourpoint, je lui invente des circonstances atténuantes. Sur la pointe des mots, je confie aux trois malabars un bien triste secret : le pauvre Patrick n'a plus toute sa tête, victime d'une tumeur au cerveau inopérable qui va bientôt l'emporter. Aussitôt, leur fureur vengeresse se dilue dans la commisération. Comme quoi, le meilleur moyen de sauver quelqu'un est, parfois, de le condamner à mort...

Le scandale fit long feu. Avec sa sensibilité à fleur de peau sous l'armure du polémiste, Guy Konopnicki me remercia d'avoir « clarifié » une situation qui l'avait profondément peiné, quand il m'avait cru l'auteur des propos qu'on me faisait tenir. En revanche, Besson n'a jamais su, je crois, ce qu'il devait à mon réflexe de bienveillance assassine, dont le souvenir m'a bien immunisé, par la suite, contre les piques et les louanges qu'il me décochait en alternance dans ses critiques. Lorsqu'il disait du bien d'une de mes œuvres, je culpabilisais de l'avoir affligé à son insu d'un mal incurable, en échange des propos diffamatoires qu'il avait placés dans ma bouche. Et, quand d'aventure il balançait sur moi une vacherie, je me drapais avec mansuétude dans son ignorance du mensonge généreux par lequel, jadis, je lui avais épargné un passage à tabac.

Cela dit, dans les années qui suivirent cette affaire, il m'est arrivé à plusieurs reprises de rencontrer, au détour d'un salon du livre, mes interlocuteurs de la LICRA. Ils ne manquaient pas alors de me demander, sur un ton réprobateur, des nouvelles de Besson.

— Comment ça se fait qu'il soit toujours vivant ?

Je répondais, évasif :

— Les médecins ne comprennent pas.

Quand je croise Patrick, aujourd'hui, une certaine connivence narquoise dans son regard me laisse soupçonner que, peut-être, il a fini par apprendre la vérité sur sa maladie fictive. J'espère qu'il mesure, dans ce cas, les efforts méritoires que j'ai dû longtemps déployer pour justifier, auprès des agresseurs en puissance que j'avais détournés de lui, sa rémission miraculeuse...

21

La bienveillance animale

Le sujet de ce chapitre mériterait un livre entier. Je me contenterai des quelques exemples qui m'ont le plus frappé, dans le cadre du postulat envisagé au chapitre 17 : la bienveillance serait susceptible d'amplifier des pouvoirs physiques et mentaux, repoussant les limites ordinaires de l'instinct, de l'empathie, du dévouement.

Le souvenir personnel qui remonte en premier sous ma plume est l'attitude d'un sanglier. En l'occurrence, Simone, la laie de cent kilos qui fréquentait le chanteur Gilbert Bécaud dans sa ferme du Poitou. Au milieu des années 90, je travaillais avec lui sur *Rosa*, une adaptation musicale de *La Vie devant soi*, le chef-d'œuvre que Romain Gary avait publié sous le nom d'Émile Ajar. Ce jour d'automne, je venais d'arriver chez Bécaud et nous buvions un verre devant le frigo, lorsque je vis entrer Simone. Elle n'avait rien d'un animal apprivoisé, mais c'est sur son territoire que le chanteur était venu s'installer avec des intentions qui avaient dû lui convenir, alors elle passait chaque jour lui rendre visite en poussant du groin la porte de la cuisine. Gilbert ne m'en avait pas informé. Tétanisé sur ma chaise devant cette masse musculeuse qui avançait vers moi en grognant,

La bienveillance est une arme absolue

je la vis s'asseoir entre mes jambes et poser la tête sur ma cuisse.

— Tu as perdu quelqu'un de cher ? s'informa Bécaud.

J'acquiesçai d'un couinement discret, sans voir le rapport. Quelques jours plus tôt, en effet, j'avais enterré mon vieux pote Richard Caron, le romancier scénariste qui m'avait décerné un prix d'adaptation audiovisuelle quand j'avais dix-sept ans – l'âge où son fils s'était noyé sous ses yeux. Il m'avait mis le pied à l'étrier sur les chaînes de télé, je lui avais maintenu de mon mieux la tête hors de l'eau-de-vie, et nous ne nous étions plus quittés jusqu'à sa sortie de scène.

— Elle te console, ajouta Bécaud.

La femelle sanglier resta plusieurs minutes immobile à me fixer d'un air doux, avec sa bonne odeur de noisette. La voix lézardée, il me donna plusieurs exemples de la compassion de Simone qui, disait-il, ne passait jamais à côté d'un deuil. Ce grand écorché vif dégageait, en parlant de sa laie, la même émotion que lorsqu'il chantait son bouleversant *Et maintenant ?* Je pensais à un autre de mes amis, l'éthologue Rémy Chauvin, qui martelait à ses étudiants de Sorbonne : « La sensibilité de l'animal s'accorde à celle de l'humain qu'il préfère et, lorsqu'elle est payée de retour, elle développe des facultés insoupçonnables. » Est-ce parce que Gilbert la comprenait au quart de tour que Simone nous percevait si bien ?

— Tu me croiras ou non, reprit-il, mais les gens qui n'ont pas de chagrin, elle n'en a rien à foutre. Comme moi, acheva-t-il à mi-voix.

La bienveillance animale

J'ignore jusqu'à quel point sa faconde méridionale amplifiait les élans consolateurs de Simone, mais, en matière de bienveillance déconcertante, je suis bien placé pour deviner l'influence qu'il pouvait avoir sur elle. Et pas seulement dans les moments de chagrin. Nous venions de nous rencontrer et de commencer à travailler sur *Rosa*, trois ans plus tôt, quand le Goncourt m'était tombé dessus. Dans le flot de coupures de presse transmises par Albin Michel se trouvait une page de *Libé*. Une page entière, titrée *Un aller simple*, où s'étalait simplement, en lettres énormes : « BRAVO DIDIER ! » Et, en caractères minuscules au bas de la feuille : « Le Rideau rouge ». La société d'édition musicale de Gilbert. Sans rien me dire et sans se mettre en avant, il s'était associé à ma joie en achetant à prix d'or une page de journal. Simone avait de qui tenir.

*

Si la bienveillance des sangliers ne défraie pas encore la chronique, celle des chiens est universellement célébrée. À l'heure où j'écris ces lignes, deux vidéos partagées des millions de fois enflamment les réseaux sociaux. Sur l'une, on voit un fox-terrier allant sauver, au beau milieu d'une autoroute, un congénère percuté par une voiture. Surveillant placidement la circulation, appréhendant vitesse et trajectoire des véhicules, le petit chien traîne le corps inanimé jusqu'au bas-côté[1]. Sur l'autre, un border

---

1. À visionner sur YouTube : https://youtu.be/NDuE8F_AssU

collie court attraper dans sa gueule un chihuahua pour lui éviter *in extremis* d'être écrasé par un 4 x 4 qui reculait sans le voir[1]. On s'émerveille, mais de telles manifestations d'empathie canine sont bien plus fréquentes encore à l'égard des humains – et par des moyens de perception et d'action qui souvent défient la raison.

Dans un livre époustouflant, *Ces animaux qui nous parlent*, la zoothérapeute Pénélope Bonnaud relate l'histoire de Wondy, un golden retriever qui, son maître étant traité pour un cancer des poumons, se mit à développer *tous* les effets secondaires de sa chimiothérapie (épuisement, nausées, perte des poils et des dents...), tandis que le patient n'en subissait aucun[2]. Lorsque celui-ci rentra à son domicile après la dernière séance du protocole, le chien fut hospitalisé pour une infection massive des bronches, avec effondrement du système immunitaire. La chimio de son maître avait réussi, sans les dommages annexes. Mission accomplie, Wondy mourut deux jours plus tard.

Pénélope Bonnaud évoque aussi le cas d'un chien qui, à cinq ans, avait subitement développé des symptômes graves et sans cause apparente, nécessitant des soins d'urgence. Après l'intervention, ses propriétaires confièrent au vétérinaire que la crise s'était produite à la date anniversaire de la mort de leur fils, emporté un an plus tôt par les mêmes symptômes de la même maladie. Était-ce un « simple » mimétisme commémoratif ? Ou bien l'animal

---

1. À visionner sur YouTube : https://youtu.be/oi4H7DZ6_kl
2. Pénélope Bonnaud, *Ces animaux qui nous parlent*, First, 2018.

La bienveillance animale

avait-il voulu *prendre sur lui* le chagrin de ses maîtres, décuplé à l'approche de la date fatidique, en reproduisant dans sa chair la maladie dont ils lui envoyaient malgré eux l'image mentale ?

Ce rôle d'absorbeur de souffrance, de paratonnerre physique et moral, serait alors la seule réponse qu'aurait trouvée le chien face à la détresse des parents. Une réaction qui peut sembler purement passive, mais d'autres exemples dénotent une volonté claire d'éviter, par une intervention directe, qu'une catastrophe pressentie ne se produise. En l'occurrence, l'animal essaie par tous les moyens d'alerter les humains qui ne se doutent de rien.

Je pense au cas d'école étudié par le Pr Chauvin à la fin des années 80 : l'histoire d'un banlieusard anglais que sa femme et son caniche Jacky accompagnent à la gare tous les matins. Ce mardi-là, le petit chien manifeste depuis le réveil une agitation extrême. Il barre la route de son maître, devant la porte d'entrée. Il le retient par sa jambe de pantalon, l'empêchant de monter en voiture. Le maître le gronde et lui fait lâcher prise : il n'a pas le temps de jouer, il va être en retard. Tout le temps du trajet, le chien aboie comme pour faire arrêter l'auto, gênant la conduite, essayant de boucher la vue sur le pare-brise. Impossible d'endiguer cette espèce d'hystérie angoissée qui lui ressemble si peu.

Arrivé à la gare, il s'efforce avec la même impétuosité d'empêcher son maître de monter dans le train. L'épouse le soulève du sol, le maintient avec peine. Le convoi démarre. Alors le caniche échappe à sa maîtresse, court de toutes ses forces sur le quai, double la locomotive et, comme s'il tentait un dernier effort pour l'arrêter, il saute sur la voie. Le train l'écrase et continue sa route. Dix kilomètres plus loin, il déraille, causant des dizaines de morts. Le propriétaire du caniche s'en sortira de justesse, grièvement blessé et déchiré par le remords de n'avoir pas écouté Jacky[1].

Pour rester dans le domaine ferroviaire, un cas d'initiative héroïque, à l'épilogue beaucoup plus heureux, a fasciné les médias en 2013. Cecil Williams, un aveugle new-yorkais de soixante ans, est victime d'un malaise sur le quai du métro. Il tombe sur la voie, alors qu'une rame est en approche. Aussitôt, son labrador noir, Orlando, saute à son tour sur les rails. Les témoins sont formels : le chien n'a pas été entraîné par la chute, l'aveugle ayant lâché le guidon du harnais en perdant connaissance. Non seulement Orlando a délibérément plongé sur son maître, mais il lui a aussitôt léché le visage tout en aboyant pour lui faire reprendre connaissance. Il y parvient. Hélas, il est trop tard pour que Cecil puisse se relever avant l'arrivée du métro. Alors, semblant suivre les directives hurlées par le chef de station, Orlando rabat les jambes et les bras de l'aveugle entre les rails, puis se couche sur lui pour le maintenir immobile. Malgré le freinage d'urgence, trois wagons leur passent dessus. Grâce à la présence d'esprit d'Orlando, Cecil et lui en sortiront indemnes.

Si le caniche a pressenti le déraillement du train, le labrador, lui, a réagi à l'accident comme s'il était en lien

---

1. Rémy Chauvin, *Des animaux et des hommes*, Seghers, 1989.

La bienveillance animale

psychique avec l'employé du métro, qui lui criait des ordres logiquement incompréhensibles pour lui. « Il a fait exactement ce que j'aurais fait si j'avais eu le temps d'atteindre la voie avant le passage du train », a déclaré aux journalistes le chef de station[1]. En l'occurrence, l'image mentale émise par le cerveau humain semble avoir régi le comportement de l'animal.

*

Les liens noués entre l'homme et le chien remontent à plus de quarante mille ans. À l'époque, son ancêtre le loup gris vint offrir son partenariat au chasseur préhistorique, l'un coursant le gibier en meute jusqu'à l'épuisement, l'autre le tuant et le dépeçant avec ses armes et ustensiles. Aujourd'hui, leurs relations ne cessent de s'affiner depuis que l'homme « professionnalise » l'animal, s'intéressant à des pouvoirs de perception que, dès lors, il décuple, tant il est vrai que la demande stimule l'offre. C'est ainsi qu'on voit de plus en plus souvent des assistants canins développer spontanément des capacités auxquelles on ne les avait pas entraînés, tels ces guides d'aveugles se mettant au service des diabétiques en les alertant sur la montée de leur taux de sucre, ou ces chiens d'aide aux paralysés avertissant un épileptique de la survenue imminente d'une crise.

---

1. Kevin Fasick, Daniel Prendergast et Rebecca Harshbarger, « Blind Man, Guide Dog Run Over by Subway and Live », *New York Post*, 17 décembre 2013, https://nypost.com/2013/12/17/blind-man-dog-survive-falling-on-subway-tracks/

La bienveillance est une arme absolue

C'est le sujet que j'ai traité en écrivant *Jules* et *Le Retour de Jules*[1], avant d'entreprendre de créer, dans la réalité, l'école de chiens d'alerte pour épileptiques que j'avais inventée dans mes fictions. Depuis que j'ai fondé l'association ESCAPE[2] avec le Pr Hervé Vespignani, chef du service de neurologie au CHU de Nancy – l'un des seuls épileptologues français travaillant en hôpital avec des chiens détecteurs de crise –, j'ai rencontré de nombreux cas extraordinaires. Je n'en citerai que deux, parmi les plus édifiants.

Tout d'abord celui de Gaïa, formée pour l'assistance aux personnes à mobilité réduite. Cette golden retriever est capable à la demande d'allumer et d'éteindre la lumière, d'ouvrir les portes, d'aider son maître à se déshabiller ou de lui composer un numéro d'urgence. Elle sait tout faire, sauf aboyer. Aucun son n'est jamais sorti de son gosier. L'association belge Os'mose, qui l'a éduquée, la remet en 2018 à Lowra, une jeune femme de vingt-quatre ans souffrant de tous les symptômes de l'épilepsie : pertes d'équilibre et de conscience, chutes à répétition entraînant de graves blessures, longues périodes d'épuisement où elle est incapable de bouger... Elle ne peut plus vivre seule et espère que Gaïa la soulagera dans ses actes quotidiens. La chienne fera bien mieux.

Un jour où Lowra se sent assez en forme pour sortir, Gaïa l'empêche soudain de descendre l'escalier. Lowra

---

1. Albin Michel, 2015 et 2017.
2. Étude et suivi des chiens d'alerte et de protection pour épileptiques.

La bienveillance animale

la repousse. Alors, pour la première fois de sa vie, la chienne aboie. Et elle la force à s'allonger. Quelques minutes plus tard, une violente crise secoue Lowra qui perd connaissance. « Si cela m'était arrivé dans l'escalier, m'a-t-elle confié, je ne sais pas si je m'en serais sortie. »

Dès lors, chaque fois que la chienne sentira venir une crise, elle aboiera. Un signal particulier, dédié à cette seule information – c'est ainsi que procèdent spontanément la plupart des chiens d'alerte, afin de se faire comprendre sur-le-champ et sans ambiguïté. Depuis ce jour, Lowra peut vivre une vie quasi normale, sachant que Gaïa, qui l'accompagne vingt-quatre heures sur vingt-quatre, la préviendra avant que ne se déclenche une attaque. Les seuls moments à risques, pour la jeune femme, sont les séjours à l'hôpital. Pour des raisons de sécurité, l'administration médicale refuse que la chienne partage sa chambre. Du coup, Lowra s'y blesse en tombant à chaque perte de conscience.

Un jour, afin de mieux connaître sa pathologie et d'en localiser le foyer d'origine grâce à l'imagerie cérébrale, des spécialistes décident de lui provoquer artificiellement une crise en laboratoire. Quand elle leur explique les facultés et les initiatives de Gaïa, ils s'affolent. À l'approche de la crise provoquée, la chienne risque d'interrompre le protocole, d'arracher les électrodes, d'endommager le matériel... Ils exigent qu'elle soit enfermée dans une autre pièce. Lowra s'y résout.

Attachée sur une table à laquelle on imprime de brusques mouvements pour passer de l'horizontale à la verticale, la jeune femme attend avec résignation que survienne la

La bienveillance est une arme absolue

crise. Rien ne se passe, pendant une dizaine de minutes. Puis, soudain, des aboiements stridents résonnent dans la pièce voisine. Quelques instants plus tard, l'accélération du rythme cardiaque et d'autres facteurs annexes annoncent le déclenchement de l'attaque, qui sera particulièrement violente.

— C'est magique ! commente l'un des médecins, ébloui par la prémonition de la chienne.

L'autre, mi-figue mi-raisin, se demande si ce ne seraient pas les aboiements qui auraient provoqué la crise.

Plus inattendu encore est le second exemple : il concerne un lapin. Un animal connu pour son comportement particulièrement craintif, mais, en l'occurrence, c'est *pour* un être humain qu'il semble avoir peur, et l'exprimer à sa manière. Voici les faits, que m'a signalés le biologiste et éthologue Rupert Sheldrake. Une épileptique du Sussex, Karen Cottenham, est profondément déprimée par les blessures que lui provoquent ses évanouissements à chaque crise : fractures, luxations, visage tailladé... Alors, pour lui changer les idées, son mari lui offre un lapin, Blackie. Les nuits sont froides et elle décide de le faire dormir à l'intérieur. Très vite, elle se rend compte à sa grande stupéfaction que, chaque fois que le lapin accourt pour se coller contre ses jambes, elle subit une attaque d'épilepsie quelques minutes plus tard. Ainsi peut-elle dorénavant se protéger contre les chutes qu'entraînent ses pertes de conscience.

Ce cas est, si je puis dire, doublement unique. À la mort de Blackie, le mari de Karen lui achète un autre lapin, Smokie, et voilà que celui-ci adopte presque immédia-

La bienveillance animale

tement *la même conduite*. « Il se précipite contre mes jambes, pris d'une véritable frénésie, raconte Karen : c'est le signal que je dois m'allonger sur le lit ou sur le sol pour ne pas tomber[1]. »

*

La recherche, dans ce domaine passionnant, n'en est hélas qu'à ses balbutiements, et les sceptiques s'obstinent à contester, par ignorance ou par refus instinctif du merveilleux, ces facultés animales dont l'évidence est un recours inappréciable pour tant de malades.

ESCAPE, notre association soutenue par la Fondation française de recherche sur l'épilepsie et par CANIDÉA – entité regroupant les divers organismes de chiens d'assistance –, s'est fixé un quadruple objectif : recruter, former, offrir et comprendre. C'est-à-dire rechercher des sujets aptes à prévenir les crises d'épilepsie (15 % de la population canine, d'après les dernières statistiques), amplifier leurs capacités par un apprentissage complémentaire incluant des gestes de secouriste, les donner à des malades et, dans le même temps, procéder à une vaste étude clinique pour expliquer scientifiquement ces perceptions : sont-elles d'origine olfactive ou électromagnétique ?

La réaction de Gaïa enfermée loin de sa maîtresse dans une salle de laboratoire, comme celle d'un assistant canin

---

[1]. Rupert Sheldrake, *Les Pouvoirs inexpliqués des animaux*, J'ai Lu, 2003.

La bienveillance est une arme absolue

de Lausanne qui, aux dires des témoins, a pressenti une crise de « son » épileptique en voyage scolaire à deux mille kilomètres de distance, semblent privilégier la piste des ondes scalaires évoquée au chapitre 16. Également à l'appui de cette hypothèse, une constante qui demeure un véritable mystère : pour peu qu'il soit dans les parages, l'animal, dès sa perception, oblige l'humain à s'asseoir ou à se coucher. Comment a-t-il associé le signal annonciateur d'une crise au danger majeur qu'elle constitue pour le malade : la chute provoquée par rupture d'équilibre ou perte de conscience ? Lorsqu'une bête réagit de la sorte, alors qu'elle rencontre pour la première fois un épileptique et n'a jamais encore été témoin des conséquences de cette maladie, on est en droit de se demander d'où elle tire une telle information. Des pensées du malade, visualisant sa peur de tomber en cas de crise ?

*

Les chats sont capables, eux aussi, de ce genre de perception empathique débouchant sur un besoin d'alerter. Je n'oublierai jamais comment Bel-Gazou, le « gouttière » abandonné qui avait adopté mon père, venait mordiller sa peau au-dessus des organes où, des mois plus tard, on décèlerait des métastases. Comme si l'animal voulait attirer son attention sur le danger latent. On peut n'y voir que l'effet du hasard ou de perturbations chimiques perçues par son odorat, mais j'ai vécu avec Lynx, le chat d'une amie, une expérience bouleversante qu'il est difficile de réduire à ces explications.

La bienveillance animale

Responsable d'un petit laboratoire pharmaceutique, Axelle souffrait de maux de tête depuis le mois de juin, sans y prêter attention. Vivant à cent à l'heure entre la France et les États-Unis, elle mettait ces névralgies sur le compte du surmenage. En revanche, elle se faisait du souci pour son chat qui s'était mis à développer, en même temps qu'elle, des symptômes analogues. Tête lourde, fatigue, perte d'appétit, problèmes d'équilibre... Mimétisme ? À défaut d'aller voir son médecin, elle consulta le vétérinaire, qui diagnostiqua un cancer du cerveau. Le traitement de Lynx débuta aussitôt, sans résultat notable.

Puis Axelle, aussi volubile que précise dans son élocution, commença à employer un mot pour un autre. Sa fille Alexia, inquiète, l'amena passer une IRM. Glioblastome stade 4. Une énorme tumeur au cerveau. Le pronostic vital était engagé, mais Axelle était une battante : opération immédiate et chimio intensive. Aussitôt, Lynx entra en phase de rémission. De concert, les deux malades remontèrent la pente de façon spectaculaire. Les spécialistes n'en revenaient pas. Le chat avait-il développé son cancer par résonance, pour que sa maîtresse prenne conscience du sien ? Sous cet angle, à présent qu'Axelle se battait pour survivre, ce cancer de Lynx n'avait plus lieu d'être.

Et puis la chimio de mon amie échoua. Elle renonça au traitement. Le chat rechuta. Une radiothérapie de la dernière chance fut tentée aux États-Unis, mais Axelle était trop épuisée pour supporter l'agression des rayons. Lynx, à bout d'énergie aussi, s'éteignait dans une clinique vété-

La bienveillance est une arme absolue

rinaire. Alexia, qui faisait la navette entre les deux centres de soins, l'emmena dire adieu à sa mère, un après-midi. Leur dernier câlin dura plus d'une heure. Axelle mourut le lendemain. Lynx la suivit aussitôt.

On peut parler, dans ces exemples, de lien fusionnel développant l'empathie des chats à l'égard de leur compagnon humain, mais leur bienveillance se manifeste aussi parfois au service de parfaits inconnus.

Sur le parking d'un centre commercial, l'été 2018, j'ai vu un siamois hurler à la mort sur le toit d'un 4 x 4. Alertés par les cris, ses maîtres, à qui il avait faussé compagnie en sautant le mur de leur pavillon situé à cinq cents mètres de là, sont venus le récupérer. Ils ont alors découvert, à l'intérieur du 4 x 4 aux vitres fermées, un bébé endormi en pleine canicule, tandis que son père était allé faire ses courses. Qu'est-ce qui avait pu attirer ce chat – un casanier craintif qui jamais n'était sorti de son jardin –, sinon l'appel de détresse mental d'un petit humain en danger de mort ?

*

Ce type de connexion psychique, qui nous épate lorsqu'il touche nos animaux domestiques, est un phénomène courant chez le dauphin. Les premières observations de ce mammifère marin sauvant des humains de la noyade ou de l'attaque des requins figurent dans des textes de l'Antiquité grecque. « Il n'a aucun besoin des hommes, écrit Plutarque au Ier siècle après J.-C., néanmoins il est

La bienveillance animale

amical et bienveillant avec eux, et en cas de besoin il vient à leur secours. »

Dans ce domaine, on peut dire que ses aptitudes sont à la hauteur de ses intentions. Envoyant des ultrasons dans l'eau pour analyser leur écho, il a en effet la particularité de « scanner » les êtres vivants et les objets par ce système d'écholocalisation. Des chercheurs comme Kenneth Norris ont prouvé que son sonar lui permet de reconnaître à distance la nature d'une matière, sa texture, son contenu. Appliquée à l'homme, cette technique de radiographie en relief lui permet de « voir » par écho la circulation du sang, la respiration, la digestion, l'activité cérébrale, d'en déduire l'état émotionnel... Et d'intervenir en connaissance de cause.

Cet altruisme attentif s'exerce en premier lieu au sein de son espèce. Par exemple, les dauphins dorment toujours en bande, sans cesser de nager en rond, et ne sommeillent que d'un demi-cerveau, afin de ne jamais « perdre de vue » les autres. Si l'un d'entre eux se met à dormir de ses deux hémisphères, il oubliera de remonter respirer à la surface, alors ses congénères s'empressent de le réveiller pour le sauver de la noyade.

C'est la même vigilance au service de la promptitude d'action qui se manifeste envers l'être humain. L'un des chercheurs qui a le plus étudié le comportement des dauphins, l'Américain John Lilly, a effectué de nombreuses expériences pour tester les réactions du cétacé face à une personne en danger de noyade. Un jour, il demande à son fils de faire semblant de couler en poussant des cris. Un dauphin se précipite alors, le remonte à la surface et

La bienveillance est une arme absolue

le rapatrie en douceur sur la terre ferme. Lilly, qui filme le sauvetage, se rend compte qu'il a oublié de retirer le cache de la caméra. Il prie donc son fils, quelques heures plus tard, de bien vouloir recommencer sa simulation. Mais le dauphin n'est pas dupe et, cette fois, son attitude change radicalement : il donne des coups de rostre au garçon et l'entraîne sous l'eau. Puis, quand il lui a bien fait boire la tasse, il le ramène brutalement au rivage. Sans verser dans l'anthropomorphisme, on peut en déduire qu'il lui a donné une bonne leçon pour le dissuader de recommencer à le prendre pour un con[1].

Ces facultés ont évidemment été utilisées à des fins militaires, aussi bien par les Américains que par les Russes. Les dauphins soldats de la base américaine de San Diego, par exemple, se sont illustrés dans de nombreux conflits, notamment au Vietnam, pour la surveillance et la protection de navires, de phares, d'infrastructures portuaires... En 2003, pendant la guerre en Irak, on les a envoyés « nettoyer » le port de Umm-Qasr, où ils ont découvert plus de cent mines.

Au-delà de leurs capacités de détection, de renseignement et d'action défensive, l'armée a bien entendu songé à les employer pour attaquer l'ennemi. On les a ainsi entraînés à placer des mines magnétiques sur des coques de navires. Leur facilité de dressage, leur goût du jeu et leur envie de faire plaisir à leurs formateurs rendaient ce type d'opérations tout à fait réalisable. Sauf que... le jour

---

[1]. Patrice van Eersel, *Le Cinquième Rêve. Le dauphin, l'homme, l'évolution*, Grasset, 1993.

La bienveillance animale

où l'on a fait exploser les mines qu'ils avaient posées sur un croiseur ennemi, ils se sont échappés, la nuit même, de leur base militaire après avoir troué les filets de protection. En les utilisant comme machines à tuer, l'homme s'était mis hors jeu. Depuis, pour ce genre de missions, on utilise des drones.

*

Beaucoup moins étudiées, les manifestations de bienveillance chevaline défraient aujoud'hui la chronique à travers le comportement de Peyo, un étalon arabe qui visite les personnes âgées en EHPAD, les malades à l'hôpital et les enfants dans les services de soins palliatifs. Les vidéos où ce cheval thérapeute prend l'ascenseur pour aller effectuer la tournée de ses patients ont bouleversé des millions de personnes sur les réseaux sociaux.

Issu de la dernière famille de cavaliers fauconniers d'Algérie, spécialiste des spectacles de haute voltige équestre, Hassen Bouchakour avait acheté Peyo voilà sept ans pour en faire un cheval de horse-show. Mais la nouvelle recrue se révéla d'un caractère exécrable. Maltraité alors qu'il était poulain, il refusait d'être monté, canalisé, soumis. Hassen finit par renoncer, et il s'apprêtait à le revendre quand le comportement du cheval changea du jour au lendemain. « Lorsque je ne lui ai plus rien demandé, explique le dresseur, il a commencé à tout me donner. On travaille ensemble et le plaisir est notre seul guide. » Le plaisir de soulager les souffrances, la solitude, l'angoisse des humains de tous âges.

La bienveillance est une arme absolue

Après avoir fondé l'association « Les Sabots du Cœur », Hassen emmène aujourd'hui son aide-soignant de cinq cents kilos dans les hôpitaux de la France entière, de Dijon au Havre, de Nice à Calais en passant par Antibes. Partout, l'accueil et les résultats sont hallucinants. Ne se pose même plus la question de l'hygiène, qui trop souvent freine l'accès des animaux thérapeutes aux établissements de soins : le cheval est pansé de frais, ses fers sont emmaillotés de chaussettes jetables, on lui fixe un récipient pour recueillir son urine et son crottin, et voilà. Au demeurant, il est à noter que l'étalon, professionnel jusqu'au bout des sabots, ne fait jamais ses besoins lorsqu'il est « en service ».

Et les témoignages se multiplient à l'infini. Il suffit d'inscrire « Peyo cheval » dans la barre de recherche Google pour tomber à la renverse. « Quand vous voyez cet animal se diriger spontanément vers une personne qui souffre, se poser devant elle, fermer les yeux comme en communion avec elle, c'est absolument magique », lit-on par exemple sur le site infirmiers.com.

Chef du service de soins palliatifs au centre hospitalier de Calais, le Dr Cécile Baelen-Techer n'hésite pas à déclarer : « La première fois que le cheval est entré dans les chambres, on a vu se passer des choses incroyables. Un jeune patient, hélas en phase terminale, avec une souffrance physique et psychologique très importante, renfermé sur lui-même, s'est connecté d'un seul regard avec Peyo. L'animal s'est arrêté devant lui, et on a senti qu'il fallait qu'on sorte de la chambre. On a retrouvé le patient ensuite véritablement rayonnant, apaisé comme jamais

La bienveillance animale

les médicaments n'avaient pu y parvenir [...]. Le Dr Peyo a fait plus que tout ce qu'on avait pu faire jusqu'alors pour ce patient[1]. »

Et un tel « remède de cheval » s'inscrit dans la durée, semblant favoriser des rémissions inattendues. Désormais, les malades condamnés à brève échéance n'attendent plus l'issue fatale ; ils attendent le retour de Peyo.

« Ce qu'il y a de surprenant, confie Hassen Bouchakour à Pénélope Bonnaud, c'est que si Peyo est capable d'une empathie extraordinaire avec les personnes hospitalisées, il est froid comme la mort dans la vie de tous les jours. Alors qu'il se laisse câliner et caresser pour apporter du réconfort à ceux qui en ont besoin, il ne supporte pas qu'on lui touche la tête, le reste du temps ! Clairement, quand il est en médiation, ce n'est pas du tout le même cheval. Lorsqu'il fait preuve d'empathie envers moi, je comprends qu'il faut vraiment que je me repose[2]. »

Forts des moments d'intimité réconfortante qu'ils ont vécus avec Peyo, il arrive que des enfants, des adultes ou des vieillards demandent que l'étalon soit à leurs côtés pour les accompagner dans leurs derniers instants. Peyo incline alors sa tête vers eux et les veille sans bouger, jusqu'à ce qu'ils s'éteignent – toujours dans la sérénité que leur procure sa présence.

---

1. Bernadette Fabregas, « Peyo : le cheval qui parle à l'oreille des patients », www.infirmiers.com/, 16 juillet 2019, https://www.infirmiers.com/actualites/actualites/edito-peyo-cheval-parle-oreilles-patients.html
2. Pénélope Bonnaud, *Ces animaux qui nous parlent*, op. cit.

La bienveillance est une arme absolue

Un matin, il est entré de lui-même dans la chambre d'un patient qu'il avait « traité », des semaines plus tôt, avant qu'il ne tombe dans le coma. L'homme a ouvert les yeux, comme s'il avait senti la présence du cheval. Il l'a contemplé en souriant, et il est mort.

Sa venue rassure, apaise, mais elle crée aussi des électrochocs qui débouchent sur de véritables miracles. « Un jour, raconte son accompagnateur, un monsieur s'est levé pour venir le caresser. Pour moi, il n'y avait là rien de surprenant, seulement tout le personnel hospitalier était en pleurs. Ils m'ont alors expliqué que ce monsieur ne s'était pas levé depuis plusieurs années. »

Laissé en liberté dans les couloirs, le cheval ne rentre que dans les chambres où les patients ont demandé à le voir ou à le revoir. « Il ne se trompe jamais », précise Hassen. Et, lors de son premier contact avec les malades des services d'oncologie, à l'instar de ces chiens et chats qui savent détecter une tumeur, il se dirige instinctivement vers les zones cancéreuses, qu'il se met alors à lécher avec précaution comme s'il tentait de les soigner.

*

Pour rester dans la thématique du présent livre, en quoi tous ces exemples de bienveillance animale peuvent-ils constituer un système de défense ? C'est simple : ils nous protègent contre les attaques de désillusion mortifère que nous inflige trop souvent le spectacle de nos « frères » humains, gouvernés par cet égocentrisme aveugle et belliqueux dont le plus grand danger est celui de la conta-

La bienveillance animale

gion. Comme disait Romain Gary, « le comportement généreux d'une bête nous réconcilie avec nos semblables, dans la mesure où nous en oublions leur désespérante toxicité ». Sauvages ou domestiques, de tels animaux nous désarment au sens figuré par leur attitude, tout en réarmant notre bienveillance quand elle se trouve à court de munitions.

22

La bienveillance végétale

Peut-il exister une bienveillance sans conscience ? Commençons par réviser notre conception de la conscience. De récentes publications scientifiques ne cessent de confirmer ce que savent depuis toujours les chamanes, les paysans passionnés et les botanistes sans œillères : capables des pires roublardises pour assurer leur reproduction et leur survie, les végétaux pratiquent de la même manière l'empathie et l'entraide, même si leur forme de bienveillance s'apparente parfois à un placement d'assurance vie.

Ainsi une variété d'acacia originaire du Mexique, *Acacia cornigera*, offre-t-elle aux fourmis le gîte et le couvert. Cet hôte végétal leur propose, dans chacune de ses épines creuses, un deux-pièces parfaitement agencé : la suite parentale et la nursery. Et l'extrémité de ses feuilles sécrète une substance riche en protéines, idéale pour nourrir les bébés fourmis. En échange, les fourmis assurent le gardiennage de l'acacia, le défendant avec une vigueur martiale contre tout attaquant, chenille, papillon ou coccinelle. De son côté, la plante émet une odeur répulsive pour éloigner les oiseaux raffolant des larves de

La bienveillance végétale

fourmis. Il s'agit donc, de part et d'autre, d'un bel exemple de bienveillance intéressée.

Dans le même esprit, il est un cas de figure encore plus subtil, celui où la plante développe une action solidaire au bénéfice d'un ennemi prédateur, dont elle a su maîtriser les nuisances tout en récupérant à son profit l'énergie qu'elle a puisée dans son processus de riposte. C'est la fascinante histoire de la passiflore et du papillon héliconius.

Tout commence par une série de ruses de guerre. Au sein de leurs cinq cents espèces respectives, depuis des dizaines de millions d'années, leur numéro de duettistes fonctionne de la même manière. Premier temps : le lépidoptère pond ses œufs sur les plus jeunes feuilles de la plante grimpante, afin que ses chenilles trouvent en naissant une nourriture encore comestible. Donc, la passiflore, si elle se laisse faire, va perdre ses nouvelles pousses et ne sera plus à même de lancer ses vrilles à l'assaut de supports verticaux pour y épanouir ses fleurs. Alors, afin de tromper le papillon, elle *déguise* ses jeunes feuilles en leur donnant la forme de celles de certaines plantes auxquelles elle s'agrippe pour grimper. Des feuilles dont elle choisit l'apparence en fonction d'un critère invariable : elles ne sont pas digérables par les chenilles de l'héliconius.

Une fois parvenue au stade de lumière idéale, en haut de ses tuteurs, la passiflore fabrique ses *vraies* feuilles, lesquelles sécrètent une substance dont raffolent les fourmis. Celles-ci, dès lors, avec leur redoutable agressivité, vont empêcher le papillon de venir pondre dans leur assiette.

Sauf que... Au fil des siècles, l'héliconius a su percer le stratagème et le contrer. Une de ses paires de pattes est devenue chimiquement sensible aux feuilles de passiflore, qu'il est donc désormais capable de reconnaître en dépit de leur camouflage. Comment la plante va-t-elle réagir à cette perte d'incognito ? En dotant ses feuilles de petites boules jaunes simulant à la perfection les œufs de ce papillon. L'arrivant croit donc qu'un de ses congénères l'a pris de vitesse, et il va pondre ailleurs, pour éviter la surpopulation qui priverait sa progéniture d'une nourriture suffisante. *Ailleurs*, c'est-à-dire sur l'une des feuilles « libres » que lui laisse la passiflore, prête à sacrifier, semble-t-il, un certain nombre de ses jeunes pousses, dès lors que son développement global n'est plus menacé.

C'est là, pour les botanistes, un vrai mystère. Puisqu'elle a mis au point, cette fois, une technique de protection que son ennemi n'a pas réussi à déjouer, pourquoi lui réserver un quota de feuilles, pourquoi lui concéder quelques aires de ponte ? Pour éviter qu'une situation poussée à l'extrême n'amène le papillon à *douter* de la présence de tant d'œufs qui n'éclosent jamais ? Ou parce qu'elle a besoin de chenilles pour éliminer certaines de ses feuilles, afin de renforcer les autres ? À moins qu'elle souhaite prolonger sa relation avec ce prédateur, dès lors que ses nuisances sont contrôlées... Il faudrait savoir ce que lui apporte exactement ce papillon. Pas la pollinisation, en tout cas. Serait-ce le développement de son intel-

La bienveillance végétale

ligence mimétique ? Dès lors que la plante est capable de tant de prodiges pour puiser dans son entourage ce dont elle peut tirer bénéfice, il n'est pas aberrant de conclure que le danger la stimule, et que le bras de fer qui l'unit à l'insecte est un facteur utile à son évolution. Cette reconnaissance des bienfaits de l'inimitié est peut-être l'explication de l'altruisme apparent de la passiflore. Dans ce cas, la bienveillance servirait à renforcer les armes naturelles nécessaires à la survie.

Mais la solidarité n'atteint toute sa plénitude que lorsqu'elle devient réciproque. L'un des plus beaux exemples nous en est fourni par deux arbres que rien ne destine *a priori* à l'assistance mutuelle : un conifère (le douglas) et un feuillu (le bouleau). S'il est fréquent que des congénères voisins s'échangent de la nourriture par leurs racines – en utilisant les filaments de champignons comme courroies de transmission –, ce réseau d'alimentation à double sens est plus rare entre des espèces différentes. Suzanne Simard, de l'université de Vancouver, a mis en évidence ce phénomène en marquant les arbres avec du gaz carbonique à teneur distincte : carbone 14 pour les pins douglas et carbone 13 pour les bouleaux. Il fut ainsi aisé de suivre la circulation des divers sucres élaborés par les uns à destination des autres.

Résultat de cette longue étude publiée en 1997 : le douglas recevait beaucoup plus de nourriture qu'il n'en fournissait au bouleau. Mais une autre chercheuse de l'université de Vancouver, Leanne Philip, prouva que cette inégalité dans l'échange n'était vraie qu'en

La bienveillance est une arme absolue

été. Durant l'automne et l'hiver, lorsque le bouleau est dépourvu de feuilles, c'est le douglas qui, gardant ses aiguilles qui lui permettent d'assurer sa photosynthèse, inverse la situation en nourrissant de manière unilatérale le bouleau en état de faiblesse. Cadeau que ce dernier lui rendra, lorsque les araignées rouges et autres prédateurs s'attaqueront en été aux aiguilles du pin. Chacun reçoit donc en fonction de ses besoins : cette bienveillance mutuelle est un partenariat à long terme.

Cela étant, les végétaux pratiquent aussi l'entraide gratuite, notamment au niveau de l'information. Lorsque, par exemple, leurs feuilles sont attaquées par des insectes ou des mammifères herbivores au-delà du seuil de tolérance, ils en modifient la composition afin de se rendre toxiques pour leurs prédateurs. Mais, dans le même temps, ils envoient à leurs voisins un message d'alerte gazeux, à base d'éthylène, qui les amène aussitôt à empoisonner leurs propres feuilles *avant qu'elles ne soient attaquées*. Cette faculté, mise en lumière dans la nature par le grand botaniste Jean-Marie Pelt[1], vient d'être confirmée en laboratoire par des chercheurs de l'université de Florence, qui ont montré en 2018 comment un groupe de plantes soumis à un stress (du sel dans son sol) en avertit instantanément un deuxième groupe distant qui, en moins d'une journée, modifie sa physiologie pour résister à cette agression *qu'il n'a pas subie*. En d'autres termes, ce groupe, combinant le calcul des probabilités et

---

1. Jean-Marie Pelt, *Les Langages secrets de la nature*, Fayard, 1996.

La bienveillance végétale

le principe de précaution, se rend insensible au sel avant même d'avoir été salé[1].

Mais le plus bel exemple de bienveillance végétale que je connaisse est issu de la ruse. *Drakea*, une orchidée d'origine australienne, n'intéressait à la base aucun pollinisateur. Alors, elle a dû mettre au point un stratagème d'une subtilité et d'une efficacité inouïes. Pour ne pas disparaître, cette mal-aimée a déguisé le centre de sa fleur en guêpe femelle de l'espèce thynnidée, reproduisant avec rigueur sa forme et ses proportions. Le mâle thynnidée, attiré par les phéromones sexuels qu'elle a également su « imiter » à la perfection, se précipite sur la fleur pour copuler. Quand il se rend compte que c'est impossible, il repart chargé malgré lui de pollen qu'il véhiculera ainsi, de *Drakea* en *Drakea*, au fil de ses déboires amoureux – grâce à quoi ces plantes seront fécondées.

En d'autre termes, comme le soulignait Jean-Marie Pelt dans ses conférences truculentes sur les mœurs sexuelles des plantes, le pauvre mâle se fait couillonner dans les grandes largeurs. Mais le botaniste ajoutait que ces orchidées, face à la réussite de leurs stratagèmes, paraissent manifester une forme de gratitude proche de la bienveillance, puisqu'elles vont *au-delà* de ce qu'elles attendaient de l'insecte. Certaines *Drakea* ont en effet poussé le mimétisme jusqu'à pourvoir d'un orifice copulateur la fausse guêpe femelle qu'elles fabriquent. Une forme de « dédommagement » offerte au mâle pour son rôle de

---

1. Stefano Mancuso, Alessandra Viola, *L'Intelligence des plantes*, Albin Michel, 2018.

La bienveillance est une arme absolue

convoyeur ? C'est possible. Leur but étant qu'il reparte au plus tôt répandre leur pollen après avoir tenté en vain de s'accoupler avec elles, ces fleurs ne tirent aucun avantage personnel à lui offrir, en sus, des prestations de poupée gonflable.

*

Reconnaissante envers ses alliés insectes ou simplement perfectionniste au mépris de ses intérêts, la plante se montre, en tout cas, sensible à la bienveillance en provenance des humains. Les vibrations affectives qu'elle perçoit influent sur son développement, sa santé, sa résistance, et c'est un fait scientifiquement mesuré.

L'un des cas les plus spectaculaires et les plus documentés est celui de José Carmen Garcia Martinez, un paysan mexicain illettré au palmarès époustouflant : choux de cinquante kilos, pieds de maïs dépassant les cinq mètres de haut, feuilles de blette longues d'un mètre cinquante, plus de cent tonnes d'oignons par hectare contre seize tonnes habituellement, huit courges par pied au lieu de deux en moyenne... Résultats auxquels cet agriculteur de tradition orale parvient, depuis quarante ans, en se contentant de couvrir ses plantes de compliments et de petits mots tendres.

Appelé à concourir avec cent cinquante ingénieurs de l'administration agricole à Mexico, José Carmen les a battus à plate culture : cent dix tonnes de choux à l'hectare, contre moins de six pour ses concurrents. Une production supérieure de deux mille pour cent ! « Les

La bienveillance végétale

plantes peuvent nous apprendre comment les cultiver, explique-t-il dans le livre qui lui est consacré. Il suffit de les écouter. Je ne crois pas aux fertilisants chimiques, parce qu'ils brûlent la terre. Le meilleur des fertilisants, c'est la conversation avec les plantes. Il faut apprendre à les connaître, les traiter avec douceur, elles le comprennent, elles savent[1]... »

Ses performances hallucinantes ont été contrôlées par les autorités mexicaines, notamment des fonctionnaires du ministère de l'Agriculture. Rien dans les analyses du sol, particulièrement aride, n'est en mesure d'expliquer une telle croissance, un tel rendement. Du coup, les pouvoirs publics ont envoyé José cultiver aux quatre coins du pays d'autres terres différentes avec sa méthode immuable : dialogue avec les plantes empreint d'humilité attentive, images mentales des mensurations qu'il leur propose d'atteindre, témoignage de respect, pensées d'amour et de reconnaissance. Partout, il a obtenu les mêmes succès. Qu'en conclure, sinon que tous ces végétaux, dès le premier contact, se « donnaient à fond » comme pour lui faire plaisir, comme pour mériter ses encouragements, répondre à sa bienveillance sur le même registre ?

Les résultats obtenus par ce partenariat homme-plante ne sont pas uniquement quantitatifs. La qualité nutritive et la saveur des fruits et légumes issus de cette agriculture affective ont été confirmées partout dans le

---

[1]. Yvo Pérez Barreto, *L'homme qui parle avec les plantes*, Clair de Terre, 2010.

La bienveillance est une arme absolue

monde, y compris au laboratoire de biologie appliquée du Muséum d'histoire naturelle à Paris. Ainsi, la bienveillance humaine, alimentant par résonance une forme de bienveillance végétale, pourrait-elle constituer l'arme absolue contre la faim dans le monde, la pollution des engrais, le danger des pesticides et l'invasion des OGM.

D'autant que José Carmen enseigne bénévolement sa technique, et qu'il n'est pas le premier dans son genre. Avant lui, il y eut notamment le Dr Jean Barry, célèbre phlébologue bordelais, qui consacra des travaux remarquables aux effets des bons sentiments sur la croissance des végétaux. Leur publication en 1993 dans *Recherche technologie Ile-de-France*, ouvrage dirigé par le ministère de l'Enseignement supérieur, lui valut autant d'intérêt chez les jardiniers amateurs que de défiance au sein des lobbies de l'agroalimentaire. Il en fut de même pour le Pr Olivier Costa de Beauregard. Traitant le sujet de la biocommunication sous l'angle de la physique quantique, il démontra que, l'intention créant l'effet, la tendresse reconnaissante manifestée aux plantes vaut tous les engrais du monde.

Mais, à l'inverse, le désamour leur nuit. Notamment sous sa forme la plus parlante, et aux conséquences spectaculaires : l'insulte. Ainsi le naturopathe japonais Masaru Emoto (1943-2014), diplômé de l'université de Yokohama, docteur en médecine alternative, a montré à de nombreuses reprises qu'injurier un bol de riz ou un cageot de cerises les faisait dépérir avant l'heure, tandis que leur exprimer de l'admiration, voire de l'attachement, assurait leur conservation durant plusieurs mois

La bienveillance végétale

à température ambiante. Pour Emoto, par ailleurs grand spécialiste de la formation de « cristaux harmonieux » découlant de pensées bienveillantes, c'est l'eau, constituant soixante-dix pour cent de notre corps, qui agit comme émetteur-récepteur entre les végétaux et nous[1].

En mai 2018, l'enseigne de meubles Ikea eut l'excellente idée de réitérer à grande échelle le protocole du Dr Emoto. Mais sous un angle aussi intelligent qu'utile : il s'agissait de demander à des enfants d'insulter régulièrement une plante verte et d'en complimenter une autre, à quelques mètres de distance, toutes deux étant de la même espèce, d'une taille similaire, d'une apparence identique, pareillement exposées à la lumière et bénéficiant d'un arrosage analogue[2]. L'expérience, lancée à l'occasion de la Journée mondiale contre le harcèlement, s'est déroulée en public dans différentes écoles de Dubai, durant un mois. « Personne ne t'aime, tu es trop moche, tu es une erreur de la nature, tu n'es même pas vivante, tu n'existes pas ! » disait-on à l'une. « Te voir grandir me rend heureux, entendait l'autre, tu es si merveilleuse, ta présence nous fait du bien, tu es utile à tout le monde. »

Au fil des jours, la plante insultée se flétrissait à vue d'œil, tandis que sa congénère adulée décuplait sa croissance et sa belle santé. Moralité : le harcèlement moral en milieu scolaire (touchant deux élèves sur cinq aux Émirats arabes unis, et plus de sept cent mille en France)

---

1. Masaru Emoto, *Les Messages cachés de l'eau*, Guy Trédaniel, 2004.
2. *New York Post*, 8 mai 2018.

La bienveillance est une arme absolue

exerce les mêmes ravages dans l'organisme des enfants que dans celui des végétaux. Tandis que la bienveillance les stimule. « *Because plants have the same senses as human beings* », soulignait la grande pancarte au dessus des deux cobayes verts.

Il est toutefois exagéré d'affirmer que les plantes ont une sensibilité égale à la nôtre : le comportement de nombreux humains le dément. Ainsi quelques matérialistes, plus soucieux d'entacher les conclusions d'Ikea que de vanter leur application à la lutte contre le harcèlement moral, ont accusé le géant du meuble d'avoir triché en arrosant secrètement les plantes couvertes d'éloges. Quelle autre explication pouvait justifier leur santé éclatante ? Ceux qui défendent les couleurs de la bienveillance universelle s'exposent ainsi souvent aux attaques « moralisatrices » des obscurantistes qui, faisant fi de toutes les preuves scientifiques à leur disposition, continuent de réserver à leur espèce humaine l'apanage de sentiments auxquels ils ont si peu recours.

*

Quoi qu'il en soit, les tricheries ponctuelles comme les calomnies systématiques ne pèsent pas grand-chose face aux mesures qu'effectua, pendant un demi-siècle, le chercheur américain Cleve Backster. Ingénieur travaillant pour la CIA en tant que spécialiste des interrogatoires, il avait inventé le plus efficace détecteur de mensonges qui soit, le Backster Zone Comparison Test.

La bienveillance végétale

Le 2 février 1966, dans son laboratoire new-yorkais de Times Square, il eut l'idée de brancher les électrodes de son appareil sur une plante verte qu'il venait d'arroser, afin de mesurer les réactions à la montée de l'eau depuis les racines jusqu'aux feuilles. Précisons que son détecteur de mensonges enregistre les variations de la pression sanguine, les changements de fréquence du pouls et les fluctuations du rythme respiratoire, très utiles pour savoir si le sujet dit la vérité, la déforme sciemment ou entre en conflit avec elle.

Ses électrodes fixées aux longues feuilles de son *Dracaena*, Backster fut surpris de constater sur l'enregistrement graphique un brusque changement de tracé, comparable à celui d'un sujet humain manifestant la peur de se trahir. S'agissait-il d'une réaction de la plante à la pose d'électrodes ? « Je décidai de trouver un moyen de menacer son bien-être pour tenter de reproduire cette réaction, explique Backster. Alors, j'ai immergé le bout de la feuille voisine de l'électrode dans une tasse de café bien chaud[1]. »

Aucun effet supplémentaire sur le graphe. Si ce n'est, à mesure que le café refroidit, une descente régulière du tracé, équivalant chez l'humain aux signaux de la fatigue ou de l'ennui. Au bout d'un quart d'heure, déçu, le tortionnaire se dit qu'il va passer aux grands moyens pour perturber la plante : craquer une allumette et enflammer une de ses feuilles. Au moment où il émet

---

1. Cleve Backster, *L'Intelligence émotionnelle des plantes*, Guy Trédaniel, 2014.

La bienveillance est une arme absolue

cette pensée – c'est-à-dire à l'instant même où l'image se forme dans sa tête –, le stylo enregistreur du polygraphe se déplace brusquement jusqu'au sommet du tableau. La plante a-t-elle capté l'intention ? Perçu l'image mentale et la menace qu'elle représente pour sa survie ?

Profondément troublé, Backster va dans le bureau voisin et prend des allumettes dans un tiroir. Quand il revient, la plante produit à son approche le même pic d'excitation sur le graphique. Il gratte une allumette, la dirige vers une feuille sans la toucher, puis l'éteint. Il renonce à brûler un végétal aussi expressif. Aussitôt, le tracé redevient normal.

Son assistant, lorsqu'il arrive une heure plus tard, le trouve prostré devant la plante verte. Backster, sans rien lui confier de ces résultats inconcevables, l'invite à incendier le feuillage. Sur le graphique, le *Dracaena* manifeste exactement la même réaction que lors de la première agression psychique. Backster vient de mettre en évidence la télépathie chez les plantes.

Durant plus de quarante ans, il reproduira des milliers de fois ce genre d'expérience, dont il publiera les résultats dans de prestigieuses revues scientifiques[1]. Et il alla beaucoup plus loin dans l'étude de ce qu'il baptisera d'abord la « perception primaire », puis, le dialogue s'intensifiant, la « biocommunication ».

Car, après avoir capté la réponse des plantes à la malveillance humaine qu'elles subissaient, il découvrit ce

---

1. Voir par exemple *id.*, « Plant "Primary Perception" », *Science*, vol. 189, n° 4201, 8 août 1975.

La bienveillance végétale

qui pouvait s'apparenter à des manifestations de *stress partagé*. Ainsi mesura-t-il les réactions végétales à divers événements extérieurs, comme l'agonie des crustacés. La « perception primaire » déboucherait-elle sur une forme d'empathie, de solidarité ? Apparemment oui. Ayant mis au point un système automatisé pour faire tomber de façon aléatoire des crevettes vivantes dans une casserole d'eau bouillante, le chercheur et son équipe ont pu enregistrer chaque fois une réaction significative des plantes situées à l'autre bout du laboratoire. Mais à quoi réagissaient-elles ? À la douleur animale, au phénomène de cuisson, à la libération d'une petite âme de crustacé ébouillanté ?

Jamais Backster ne se hasarda à formuler des conclusions dont l'anthropomorphisme aurait pu, au sein de la communauté scientifique, entacher de fumisterie la réalité de ses mesures quantifiables et reproductibles. En revanche, il multipliait à l'infini les protocoles ingénieux susceptibles de prouver l'impensable. Par exemple, il partait se promener avec, dans une enveloppe cachetée au fond de sa poche, un minuteur réglé en double aveugle par un de ses assistants. Dès que la sonnerie retentissait, deux heures, une heure ou treize minutes plus tard, l'ingénieur faisait demi-tour et regagnait son labo. À chaque fois, ses plantes de bureau, qu'il avait reliées à un électroencéphalographe, réagissaient *à l'instant précis* où il rebroussait chemin. En attestaient l'heure enregistrée par l'EEG et celle inscrite dans la mémoire du minuteur.

Reprise dans plusieurs laboratoires universitaires, aux États-Unis comme en Russie, cette expérience a toujours

La bienveillance est une arme absolue

été parfaitement reproductible, même par des chercheurs qui n'y croyaient pas, à condition toutefois qu'ils aient créé un lien suffisant avec la plante sous électrodes pour que celle-ci *attende leur retour*.

23

La bienveillance coupable

J'en suis là de mes réflexions sur l'interconnexion entre le végétal et l'humain, lorsque les hasards d'un dîner dans la région d'Honfleur m'apportent un élément nouveau. La patronne du restaurant La Chaumière, Marie-Pierre, nous fait visiter les lieux. Son jardin naturel au bord de la mer est magnifique. Nous parlons plantations, et voilà qu'elle m'explique une technique de désherbage que j'ignore : la méthode *Ho'oponopono*. Pour éviter que les ronces ou les orties qu'on arrache ne repoussent et prolifèrent, elle les déracine en prononçant intérieurement un mantra, tandis qu'elle visualise les raisons pour lesquelles elle se trouve contrainte de les éradiquer. Ce faisant, elle les prie d'agréer sa culpabilité, sa contrition, sa bienveillance. Elles ne reviendront jamais sur la zone, m'assure-t-elle. Son mantra, qui n'a rien d'exotique, se résume en treize mots : « Je suis désolée, je m'excuse, je vous remercie et je vous aime. » Au lieu d'en vouloir aux mauvaises herbes qui étouffent son jardin, elle s'accuse d'avoir créé la situation qui les rend indésirables et s'absout ensuite grâce à leur compréhension.

Littéralement, *Ho'oponopono* signifie à la fois : « corriger une erreur » et « faire ce qui est juste ». Il s'agit d'une

La bienveillance est une arme absolue

pratique hawaïenne, et elle n'est pas destinée qu'à remplacer le Roundup. C'est un psychologue pénitentiaire, le Dr Ihaleakala Hew Len, qui mit le premier en pratique ce protocole mental à grande échelle, afin de guérir tout un étage de psychopathes internés pour des crimes en série. Sollicité par le directeur de l'hôpital d'État d'Hawaï, désespéré de n'obtenir aucune amélioration et de voir son personnel constamment violenté par ces fous furieux, le Dr Len avait refusé de rencontrer les malades, mais accepté de travailler sur leurs dossiers.

C'est ainsi que, suivant à la lettre le protocole *Ho'oponopono*, le thérapeute *prit sur lui* le crime des autres et leur déséquilibre mental pour les en délivrer. Il utilisa, en quelque sorte, le détournement de culpabilité, afin d'avoir prise « de l'intérieur » sur les remords toxiques et les pulsions meurtrières des personnes qu'il souhaitait délivrer de leur psychose.

Le concept sur lequel repose cette méthode est le contraire de la responsabilité collective derrière laquelle souvent l'on s'abrite : c'est une *implication individuelle dans tout*. Si je décide que tous les maux du monde sont de ma faute, il m'appartient de les soigner en me soignant moi. Au « je n'y suis pour rien » qui rythme nos sociétés, ce protocole oppose le « j'y suis pour tout » qui, regroupant l'ensemble des problèmes dans une seule conscience, génère des solutions destinées à la multitude.

Bref, si l'on veut guérir des gens, on le fera en se guérissant soi-même de leurs maladies ou de leurs crimes. En d'autres termes, au lieu de simplement laver son linge sale dans sa cuisine intérieure, il convient de se transfor-

La bienveillance coupable

mer en pressing universel, de faire tourner ses lave-linge au service de ceux qui n'en ont pas. De pratiquer, au sens propre, le blanchiment des consciences.

Le résultat, confirmé par le directeur de l'hôpital d'État d'Hawaï, fut prodigieux : tous ces psychopathes criminels jugés « irresponsables » furent guéris en quelques mois, détachés de leurs sangles, délivrés de leur camisole chimique, certains même remis en liberté – sans aucun cas de récidive. Et tous les infirmiers demandèrent à travailler dans cette unité, jadis maudite, pour l'harmonie qui désormais y régnait.

Le message du Dr Len et le fondement de sa réussite tiennent en une phrase : « Vous aimer vous-même est la plus merveilleuse façon de vous améliorer, et, à mesure que vous vous améliorez, vous améliorez votre monde. » Il s'agit donc, non pas d'un narcissisme en circuit fermé, mais d'un autonettoyage accueillant les démences, les horreurs et les errances ambiantes pour y remédier. Si l'on veut s'améliorer toujours plus, il est nécessaire de « s'empirer » en intégrant la culpabilité des autres dans son processus de réhabilitation intérieure. Cette forme de bienveillance un tantinet maso serait-elle l'arme absolue contre le mal ?

La méthode du Dr Len a été exportée sous nos climats par l'écrivain Joe Vitale, ancien SDF texan qui, dans son best-seller *The Attractor Factor*[1], affirme avoir construit sa

---

1. Joe Vitale, *Le Facteur d'attraction*, Un Monde différent, 2006 ; id., *Zéro limite. Le programme secret hawaïen pour l'abondance, la santé, la paix et plus encore*, J'ai Lu, 2013.

vie par la pensée positive qui attire à soi les opportunités. Lorsque Vitale pose au psychologue hawaïen la question cruciale : « Quand vous étiez plongé dans leurs dossiers, qu'avez-vous fait en vous-même qui a pu amener ces monstres à changer ? », la réponse est sans ambiguïté : « Tout simplement, je guérissais la partie de moi qui les avait créés. » Comme s'ils n'étaient que des projections issues de sa conscience. En fin de compte, il s'agit, *tout simplement*, d'une expérience de pensée quantique devenue un moyen d'action.

Sur le plan agricole, employé pour protéger son jardin ou des hectares de cultures, le protocole *Ho'oponopono* est le même, la formulation mentale identique lorsqu'on s'adresse aux mauvaises herbes et aux insectes : « Je suis coupable d'avoir planté des végétaux utiles par leur beauté ou leur valeur nutritive, que vous endommagez au lieu d'aller prospérer ailleurs en toute innocuité. Je suis désolé, je m'excuse, je vous remercie et je vous aime. » Avec le même enthousiasme que la ho'oponoponeuse d'Honfleur, plusieurs agriculteurs bio m'ont confirmé que ce processus d'autocritique libératoire, qu'ils ont découvert sur Internet, remplace avantageusement les pesticides. Sensibilisés par cette prise de conscience, les parasites et prédateurs qu'ils s'accusent d'avoir attirés vont se rabattre sur les cultures du voisin qui n'y est pour rien ; c'est à son tour de plaider coupable, et ainsi de suite.

Couplée à la méthode des guérisseurs de tumeurs chinois ou des « Casques roses » de l'ONU qui, on l'a vu, reconfigurent le présent en y installant une information du futur qu'ils ont fabriquée mentalement, cette

La bienveillance coupable

technique de nettoyage par l'ego, si elle était pratiquée à grande échelle, serait peut-être de nature à vider les hôpitaux, les prisons, les camps d'entraînement terroristes et les caisses de Bayer-Monsanto.

Utopique ? *A priori*, oui. Mais une utopie qui a fait ses preuves devient une proposition, pour ne pas dire un recours obligé.

*

Cela dit, quand la restauratrice normande m'a récité son mantra désherbant, j'ai éprouvé une émotion que j'ai gardée pour moi. J'avais déjà entendu ces mots dans la bouche de mon plus grand ami, décédé six mois plus tôt. « On est désolés, on s'excuse, on te remercie et on t'aime. » C'est ce que Michel Legrand, un midi, avait déclaré au homard vivant que nous nous apprêtions à cuire après lui avoir offert un concert d'adieu.

C'était en Bretagne, il y a douze ans. Tout seuls avec un immense piano dans une vieille maison d'ostréiculteur, nous étions en train d'écrire, après notre adaptation musicale du *Passe-Muraille* de Marcel Aymé, un opéra incisif et poignant sur l'affaire Dreyfus, racontée du point de vue du traître Esterhazy. Cet officier voyou, cynique et jouisseur, domicilié dans un bordel déficitaire qu'il finançait à perte en vendant des secrets militaires aux Allemands, s'émerveillait qu'un innocent capitaine juif se laisse accuser à sa place pour ne pas déshonorer l'armée française qui le persécutait. La musique éblouissante de Michel, que je truffais de provocations juteuses alternant avec des chants d'émotion pure, nous mettait quinze heures par jour dans un état second de jubilation mutuelle que je ne retrouverai sans doute jamais.

Un matin, vers 11 heures, Legrand s'arrêta soudain de jouer et, le rire coincé dans la gorge, se retourna vers moi :

— Mon ange, on est des salauds !

J'ai demandé pourquoi. Il m'a répondu qu'on s'amusait comme des fous en créant un ouvrage où l'énergie du rire partait en guerre contre l'injustice, l'ignominie et le drame, et que derrière la porte s'angoissait tout seul le homard que, deux heures plus tôt, nous avions acheté au marché pour le déjeuner.

— Va le chercher ! Qu'au moins, il profite.

Habitué aux élans impatients de cet incurable gamin de 80 ans, que notre copain Raymond Devos qualifia un jour de « môme-ifié », j'allai prendre à la cuisine la marmite d'eau où s'agitait le crustacé. Je le posai sur le piano. Michel décida de l'appeler Émile et lui exposa la situation : on allait se régaler avec lui tout à l'heure, et c'était complètement injuste de ne pas l'inviter à notre chantier musical. Alors, on allait jouer pour lui, et lui dédier la chanson qu'on était en train d'écrire – la vigoureuse déclaration de guerre de Zola au moment où il fait paraître dans *L'Aurore* son « J'accuse ».

Je ne sais pas si notre invité du piano a apprécié la partition de Michel, ou si tout simplement la musique adoucit les meurtres, mais nous n'avons jamais mangé un homard aussi bon.

Lorsque, en 2014, nous avons créé *Dreyfus* à l'opéra de Nice, Michel Legrand, qui n'oubliait jamais une joie, une

La bienveillance coupable

émotion ni une promesse, a déclaré en conférence de presse :
— Nous dédions cet ouvrage à la mémoire d'Émile.
— Zola ? vérifia un journaliste.
— Non, un homard. Mais oui, il s'appelait comme ça en hommage à Zola. Il a contribué à notre inspiration, et il a donné sa vie pour une chanson. Émile, où que tu sois, je te serre la pince.

Alors aujourd'hui, pour alléger son absence, je me plais à imaginer que, dans les coulisses de l'au-delà, le musicien a retrouvé le crustacé et qu'ils se sont remis à œuvrer de concert.

24

La bienveillance des bactéries

Nous les considérons généralement comme nos pires ennemies, alors qu'elles nous constituent à près de 90 %. Et qui plus est, comme l'a démontré la grande biologiste Lynn Margulis, nous descendons tous, végétaux comme animaux, des mêmes bactéries initiales. Présentes sur Terre depuis quatre milliards d'années, elles sont à la base de toute construction multicellulaire[1].

Alors, une question se pose. Et si tous ces phénomènes d'interconnexion, d'empathie constatés entre les humains, les bêtes et les plantes s'expliquaient, en amont du cheminement émotionnel, par une communication naturelle au niveau de nos bactéries ? Si nous réagissions à ce qui affecte autrui par *résonance* plutôt que par choix ? Et si la bienveillance était, plus encore qu'un instinct, la preuve que tous les organismes vivant sur notre planète sont intimement liés par leurs composants communs ? C'est à l'ingénieur Cleve Backster, une nouvelle fois, que nous devons cette découverte majeure, inspirée par un yaourt à la fraise et une chasse d'eau.

---

1. Lynn Margulis et Dorion Sagan, *L'Univers bactériel*, Albin Michel, 1989.

La bienveillance des bactéries

Dans le chapitre 22, nous avons vu comment des plantes vertes réagissaient à la cuisson de crevettes vivantes. Obsédé par cette interaction qu'avaient mise en évidence ses instruments de mesure, le chercheur new-yorkais travaillait sans relâche depuis l'aube, ce jour de 1970, lorsqu'un coup de faim le conduisit vers le frigo de son laboratoire. Il en sortit un yaourt à la fraise, qu'il commença à touiller pour faire remonter la confiture à la surface. Reliée à un moniteur, la plante la plus proche manifesta aussitôt une réaction électrique.

Étonné, Backster refit l'expérience avec un autre pot et obtint le même résultat. Qu'avait perçu la plante ? La joie de son homme de compagnie à la perspective de se remplir l'estomac ? Plus vraisemblablement, elle avait capté un signal émis par *Streptococcus thermophylus* et *Lactobacilus bulgaricus*, les deux types de bactéries vivantes présentes dans le yaourt, au moment où le sucre de la confiture s'était mêlé à leur milieu naturel. Signal d'inquiétude ou de contentement, la mesure ne le dit pas.

Alors Backster, en toute logique, se demanda si l'effet était réversible : le yaourt réagirait-il à un arrosage de la plante ? Il laissa se déshydrater plusieurs jours l'un des ficus de son labo, puis versa dans sa terre un verre d'eau. Les électrodes qu'il avait plongées dans le yaourt voisin enregistrèrent aussitôt une forte réaction électrique. Les bactéries laitières se réjouissaient-elles qu'un ficus assoiffé puisse se désaltérer ?

Comme à son habitude, Backster refit l'expérience à grande échelle et publia ses résultats sans en tirer de conclusion. Mais sa correspondance exprime clairement

La bienveillance est une arme absolue

ses sentiments quant à l'origine de ces manifestations d'empathie. Comme il l'avait fait en expérimentant la communication mentale avec une plante, il entreprit de mesurer l'éventuel rapport affectif qui pouvait exister entre le yaourt et nous. Le résultat fut sans appel. « Les bactéries laitières, écrit-il, paraissent entrer en forte résonance avec toute interaction humaine dans leur environnement immédiat. Il semble même que l'imagerie en lien avec notre activité mentale engendre des réactions, juste avant que les mots associés soient prononcés[1]. »

Backster faisait référence à une scène qui avait marqué tout le personnel de son labo, le jour où l'une de ses stagiaires en biologie avait suggéré, le plus sérieusement du monde, d'emmener un yaourt avec elle en hélicoptère. Le but de cette expérience ? Elle avait si peur dans les airs, pensait-elle, que des réactions d'empathie bactériennes seraient peut-être mesurables. À peine allait-elle exprimer sa phobie aérienne qu'un yaourt nature sous électrodes, près d'elle, afficha sur l'écran le tracé d'une perturbation extrême.

Un pas important venait d'être franchi, suggérant qu'une bactérie laitière pouvait être affectée par une émotion humaine qui ne la concernait en rien et n'aurait aucune incidence sur son alimentation ni sa survie. À moins que ce yaourt séjournant à Times Square se fût ému de l'image mentale qui le projetait dans un milieu inconnu de lui – un engin volant dans le ciel –, ce qui, tout de même, aurait impliqué une certaine conscience de soi.

---

1. Cleve Backster, *L'Intelligence émotionnelle des plantes*, *op. cit.*

La bienveillance des bactéries

Pour éliminer cette hypothèse, Backster étudia les réactions des bactéries laitières à des pensées auxquelles elles n'étaient associées en rien : par exemple, des sentiments de peur qu'il provoquait chez des personnes étrangères à son labo en leur projetant des films d'épouvante. À chaque expérience, l'électroencéphalogramme du yaourt révéla des pics d'activité électrique moins intenses que lors de l'évocation de l'hélicoptère. Ils furent néanmoins significatifs, en résonance avec le stress humain lié à des attaques de requins, des meurtres à la tronçonneuse ou des invasions de zombies. L'EEG des plantes vertes montra des résultats similaires. Mais les réactions les plus fortes furent déclenchées par une chasse d'eau.

À présent que Baxter et son équipe plaçaient leurs plantes et leurs produits lactés sous électrodes vingt-quatre heures sur vingt-quatre, pour ne rien perdre des indices de sensibilité à leur environnement, un phénomène inattendu les rendit perplexes. Dès que quelqu'un utilisait les WC de l'étage, les capteurs fixés sur les feuillages et dans les pots de yaourt enregistraient un pic brutal, affolant le tracé de l'électroencéphalographe durant une dizaine de secondes.

« Au début, écrit Backster, je pensais qu'il n'était pas possible qu'une seule personne se trouvant aux toilettes déclenche une telle interaction émotionnelle. » La joie qu'un être humain éprouve à soulager sa vessie ne lui paraissait pas de nature à provoquer des exaltations végétales et yaourtières d'une telle puissance. D'autant que les signes de contentement captés par l'EEG ont, dans tous les cas, une intensité bien inférieure à celle que déclenchent le danger ou la souffrance. Il devait y avoir une autre explication.

Le bâtiment de dix-huit étages possédait des toilettes à chaque niveau : impair pour les femmes, pair pour les hommes. Backster, qui occupait le quatrième, découvrit que le personnel d'entretien, dans un souci d'hygiène, utilisait quotidiennement un désinfectant liquide surpuissant, qui exterminait à chaque pipi les cellules et les bactéries vivantes excrétées par les messieurs dans l'urinoir, à l'instant où se déclenchait la chasse d'eau. Au vu du tracé de l'encéphalographe, il apparaissait que la mort de ces micro-organismes provoquait un stress considérable aux plantes et aux yaourts sous monitoring.

Backster se mit alors à explorer les cas de figure possibles. Il déclencha la chasse d'eau à vide : aucune réaction. Il noya des fourmis, des moisissures et des fragments de salade dans l'urinoir : le tracé de l'EEG marqua un pic très inférieur à celui que déclenchait la miction humaine. De plus, la répétition diminuait la durée et la hauteur de ce pic – comme si une certaine habitude, c'est-à-dire une forme de mémoire, amenait les bactéries témoins à banaliser le phénomène. En revanche, chaque micro-génocide en provenance d'un *Homo sapiens* leur provoquait un « affolement » d'intensité égale, quelle que soit la fréquence d'utilisation de l'urinoir. Comme si elles ne pouvaient se résoudre à la mort brutale d'une forme de vie humaine.

C'est peut-être une bonne nouvelle pour notre ego. Il semblerait que les bactéries végétales et laitières considèrent les nôtres comme les plus évoluées, en tout cas

La bienveillance des bactéries

les plus précieuses, les plus importantes à préserver, les plus dignes de bienveillance. La suite est moins flatteuse : chaque fois que Backster a mis sous casque à électrodes des êtres humains – même les sujets « psi » les plus doués, même les mystiques à la spiritualité la mieux entraînée... –, il n'a jamais obtenu la moindre variation de leur tracé d'encéphalographe au moment où l'un de ses assistants, dans une pièce attenante, plongeait à leur insu dans l'eau de Javel le contenu d'un pot de fleur ou de yaourt. Moralité : quand on se situe au sommet de la chaîne de l'évolution, on se retrouve coupé de tout.

Si un jour l'homme disparaît de la surface de la Terre, il manquera sans doute aux formes de vie qu'il jugeait inférieures. Mais, comme elles l'ont fait durant des millions d'années avant qu'il « n'émerge du lot », elles se débrouilleront très bien sans lui.

Dans l'immédiat, une conclusion se profile : avant d'être un sentiment réfléchi et une arme de combat, la bienveillance qui nous connecte aux animaux comme aux végétaux pourrait être le produit de nos bactéries communes. À l'heure où, sur tous les continents, la planète semble se révolter contre les agressions humaines, faut-il en déduire que cette bienveillance innée, qui nous rend indissociables de toutes les autres formes de vie, constitue notre ultime instrument de salut sur Terre ? À moins de nous en remettre à d'éventuels secours venus du ciel...

25

Y a-t-il une bienveillance extraterrestre ?

Compte tenu des données astrophysiques, des nombreux témoignages, images et traces diverses dont l'humanité dispose, des statisticiens de la Pennsylvania State University ont calculé, en 2011, que les probabilités pour que les ovnis n'existent pas se réduiraient à moins d'une chance sur deux cents milliards.

Ce qui n'empêche pas une majorité d'êtres humains, aujourd'hui encore, de ricaner devant la perspective d'une vie extraterrestre. Cela n'a rien d'étonnant, vu que certains – les mêmes, parfois – continuent de penser que la Terre est plate, que le Soleil tourne autour d'elle et qu'elle a été construite en six jours ouvrables. Il est donc inutile d'entretenir une polémique ; contentons-nous des faits. Et plus particulièrement des observations consignées dans des rapports militaires.

Il ne sera pas question ici des traditionnels enlèvements de bétail ou d'humains, avec mutilations variées et poses d'implant, dont la science-fiction comme la web-réalité nous rebattent ponctuellement les oreilles pour alimenter nos fantasmes, nos peurs ou notre incrédulité. Je passerai simplement en revue quelques « marques d'in-

Y a-t-il une bienveillance extraterrestre ?

térêt », associées à des avertissements pacifiques, parfois à des actes de neutralisation de notre arsenal nucléaire – pour notre propre sauvegarde, semble-t-il, aussi bien que pour la tranquillité de nos « voisins ».

Contrairement à ce qu'on croit, les premières observations d'objets volants non identifiés ne datent pas de 1947. C'est leur nom de « soucoupe volante » (*flying saucer*) qui fut inventé par la presse américaine, cette année-là, pour désigner neuf engins spatiaux « en forme de galets plats de quinze mètres, volant en un mouvement sautillant analogue à celui d'une soucoupe ricochant sur l'eau », pour reprendre la description du pilote Kenneth Arnold sur la radio KWRC. Mais ces « galets » avaient des ancêtres.

Les Américains les appelaient des *foo fighters*, les Allemands des *Krautballs*. Il s'agissait de boules lumineuses de taille variable qui suivaient de manière apparemment « intelligente » les avions engagés dans les combats aériens de la Seconde Guerre mondiale[1]. Les Yankees prenaient ces ronds de lumière pour des armes secrètes nazies, et les Allemands les croyaient américains. Quand deux avions ennemis tiraient sur ces formes silencieuses qui s'interposaient entre eux, ils se détruisaient l'un l'autre. Apparemment invulnérables, les « lumières inconnues » semblaient se borner à une mission d'observation, à un rôle de présence dissuasive, plus proches de l'intimidation bienveillante que de l'hostilité. Au sol, les états-majors tenaient ces feux follets sphériques pour

---

1. Rapport COMETA, www.cnes-geipan.fr/

La bienveillance est une arme absolue

une légende aérienne, un effet secondaire du manque d'oxygène dans les cockpits.

Tout bascula le 24 février 1942. Cette nuit-là, les batteries antiaériennes de Los Angeles tirèrent plus de 1 400 obus en direction, non pas d'une hypothétique lumière ronde, mais d'un gros ovni survolant lentement la ville à basse altitude. Insensible aux projectiles, l'engin parcourut trente kilomètres en mode repérage, de Santa Monica à Long Beach, puis disparut sous les yeux de milliers de témoins à une vitesse sidérante. Durant ces quelques heures que les historiens baptiseront avec une certaine emphase « La bataille de Los Angeles » (six morts, en fait : trois crises cardiaques chez les militaires, trois victimes civiles dans un carambolage), la panique générale provoqua le plus grand cafouillage militaire qu'on ait jamais observé[1].

Certains rapports d'état-major mentionnèrent la présence de trois avions japonais, d'autres en comptèrent dix, quinze, cinquante ; d'autres encore aperçurent un simple ballon météo[2]. La vérité, si l'on en croit le rapport final officiel de l'armée américaine, déclassifié en 1983 et consultable à la NARA (National Archives and Records Administration), la vérité est que les radars avaient détecté *une seule cible aérienne* non identifiée. Comme elle se révélait aussi lente qu'invulnérable aux obus, le secret défense aussitôt décrété encouragea tous les men-

---

1. *Los Angeles Times*, 26 février 1942.
2. « History of the 4th AA Command, Western Defense Command », *in* Wesley Frank Craven et James Lea Cate, *The Army Air Forces in World War II*, University of Chicago Press.

Y a-t-il une bienveillance extraterrestre ?

songes improvisés pour noyer le poisson volant, sans que les différentes unités militaires aient eu le loisir de se concerter. D'où ce cafouillage mémorable[1].

Quoi qu'il en soit, l'incroyable s'était produit : un engin inconnu avait survolé à son gré, en prenant tout son temps et sans pouvoir être intercepté ni abattu, les usines d'aviation militaire du secteur côtier de Santa Monica, où l'on construisait des prototypes de bombardiers adaptés à la future force nucléaire. S'agissait-il d'espionnage ennemi, de tourisme extraterrestre, d'une forme de sensibilisation du public, ou d'une mise en garde à l'adresse des apprentis sorciers de la bombe atomique ?

Une chose est sûre, en cet hiver 1942 : la faisabilité de ladite bombe venait d'être confirmée au président Roosevelt, qui avait mis sur pied dans la plus grande opacité le projet *Manhattan*. Ce programme ultraconfidentiel avait été lancé sur la demande et d'après les travaux d'Albert Einstein, mais à son insu, car le patron du FBI, le très parano J. Edgar Hoover, soupçonnait le génial physicien d'être un espion à la solde des Soviétiques. L'élaboration de la bombe fut donc confiée à Robert Oppenheimer.

Dans les mois qui suivirent, les trois bases top secrètes où l'on concevait l'arme suprême et stockait le plutonium (Los Alamos, Oak Ridge, Hanford) furent régulièrement survolées – pour ne pas dire surveillées – par des escadrilles silencieuses de soucoupes, cigares lumineux et disques rotatifs aux accélérations foudroyantes. Et cela

---

[1]. A.R. Roberts, *UFOs: What Is the Government Really Covering Up?*, iUniverse, 2016.

La bienveillance est une arme absolue

s'intensifia avec l'explosion test de Trinity, surnom de la première bombe atomique, le 16 juillet 1945 à Alamogordo.

Alors, au cœur même de leurs structures militaires, les États-Unis vont tout mettre en œuvre pour que personne n'associe le programme nucléaire avec les phénomènes aériens d'origine inconnue qui accompagnent sa réalisation. Mais, suite à la vague d'ovnis sans précédent du mois de juin 1947 – tandis que l'Union soviétique achève la mise au point de sa propre bombe A, qu'elle fera exploser deux ans plus tard –, un mémorandum du général Twining, patron de l'AMC (agence de recherche scientifique de l'US Air Force), confirme que ces phénomènes sont « une réalité et non des visions ou des inventions[1] ». Le Dr Vannevar Bush, patron d'un groupe d'étude secret concurrent de celui du général Twining, arrive à la même conclusion : « Il existe une corrélation indiscutable entre le nucléaire et les apparitions d'engins non identifiés[2]. »

Entre 1947 et 1952, trente-sept observations d'ovnis seront consignées au-dessus des bases de recherche atomique où s'élabore la future arme thermonucléaire, la bombe H, riposte des États-Unis à l'URSS qui multiplie les essais de sa bombe A – laquelle suscite le même intérêt de la part de vaisseaux venus d'ailleurs, même si la loi du silence est plus efficace dans la presse sovié-

---

[1]. Mémorandum du 23 septembre 1947 adressé par le général Twining au général Schulgen, commandant l'AAF (Army Air Forces).

[2]. Fabrice Bonvin, *Ovnis. Les agents du changement*, JMG éditions, 2005.

Y a-t-il une bienveillance extraterrestre ?

tique que dans les médias américains. Ces *flying saucers* nouvelle génération paraissent de plus en plus performants : ils sont capables d'apparitions et de disparitions instantanées, peuvent se scinder en plusieurs objets distincts avant de fusionner à nouveau, anticiper toute manœuvre hostile à leur égard... Comme si leur développement technologique progressait au même rythme que les armes de destruction massive des deux grandes puissances mondiales.

On comprend, dans un contexte aussi sensible, que le haut commandement militaire des États-Unis ait eu à cœur de maintenir le grand public en état de désinformation constante. D'où la création de commissions plus ou moins officielles, destinées à ridiculiser les ovnis ou à fournir de fausses preuves de leur existence, afin de décrédibiliser ensuite les ufologues qui y auront cru. Toute cette pagaille mentale, mélange détonant de stratégie subtile et d'amateurisme à deux balles, produira des pataquès incontrôlables comme le dossier Roswell. Qu'un crash d'engin avec récupération de cadavres extraterrestres ait eu lieu ou non dans cette zone déserte du Nevada, le 2 juillet 1947, un fait est certain : le Roswell Army Air Field, au-dessus duquel se multiplient les observations d'ovnis depuis un mois, abrite à l'époque l'unique escadrille de bombardiers atomiques du monde : le 509th Bomb Group.

Et, tandis que le gouvernement américain s'efforce de convaincre la planète en état de choc, vrais faux débris à l'appui, que l'engin accidenté à Roswell n'est qu'un ballon météo, les « incidents » se multiplient. Jetons un œil sur l'inventaire dressé par le Dr Donald Johnson, qui a réactualisé la base de données UFOCAT créée par le Dr David Saunders à l'université du Colorado, à la fin des années 1960. À partir de 150 000 rapports et témoignages, Johnson recense, entre 1945 et 2001, les cas présentant une « corrélation significative entre la présence d'installations nucléaires et la fréquence d'observations d'ovnis et de rencontres rapprochées[1] ». Son étude statistique dévoile des événements qui font froid dans le dos – ou chaud au cœur, suivant l'angle sous lequel on se place quant au devenir de notre planète.

Le 15 septembre 1964, à la base militaire de Vandenberg, en Californie, le lieutenant Robert Jacobs, en charge de l'instrumentation photo-optique, filme le lancement d'une fusée Atlas F, porteuse d'une ogive nucléaire factice, et transfère le film au laboratoire de développement. Il n'a rien signalé de spécial, durant le tournage : il a placé sa caméra dans l'axe demandé, et il protège ses yeux. Mais, lorsque le film est projeté, les militaires découvrent avec stupeur que, quelques minutes après le lancement, un ovni apparaît dans le ciel et tire à quatre reprises sur l'ogive, au moyen d'un rayon lumineux. Trucage ajouté au développement par des plaisantins de l'US Air Force, ou première preuve visuelle d'un acte de « guerre préventive » contre l'arme nucléaire ?

Aujourd'hui professeur à la Bradley University de Chicago, le lieutenant Jacobs a observé le silence pen-

---

1. Donald A. Johnson, « NCP-11: Do Nuclear Facilities Attract UFOs? », www.cufon.org/

Y a-t-il une bienveillance extraterrestre ?

dant dix-huit ans, avant de violer le secret défense au terme de sa carrière militaire, en 1982. Son récit est corroboré par le major Mansmann, retraité lui aussi, qui analysa en 1964, image par image, le film projeté à la base aérienne de Vandenberg : « L'histoire racontée par Jacobs est authentique. L'ovni, un disque de forme classique, est entré dans le champ de la caméra avant d'émettre son rayon. Au point d'émission du faisceau, il semblait en lente rotation, comme pour être en mesure de tirer à partir d'une plateforme. Mais mon interprétation était peut-être influencée par mes expériences de combat aérien. [...] Après coup, je regrette de n'avoir pu visionner le film plus de trois fois. Deux agents du gouvernement ont confisqué la pellicule et l'ont emportée dans un attaché-case. J'ai reçu l'ordre de considérer cet incident comme top secret[1]. »

Mais ce n'est qu'un début. Le 16 mars 1967, sur la base aérienne de Malmstrom, dans le Montana, les gardes observent d'étranges lumières zigzaguant dans le ciel. En dehors de la base, des témoins civils aperçoivent clairement plusieurs ovnis. Au même instant, des problèmes techniques surviennent sur l'un des silos : huit missiles nucléaires intercontinentaux se retrouvent subitement hors service. Du jamais vu ! Tandis que les signaux d'alerte clignotent sur les tableaux de contrôle autour de l'inscription « *Out of Order* », un commando de sécurité, à l'extérieur, se retrouve face à « un ovni rou-

---

[1]. Major Florenze Mansmann, cité par Robert Hastings, www.ufohastings.com/

geoyant en forme de soucoupe ». Déclaration démentie par la suite, et retirée du rapport d'incident. Mais le lieutenant Robert Salas, en service sur le site, a pour sa part maintenu et publié un témoignage d'une précision rare, que le recul a rendu plus catégorique encore : « J'ai toujours eu l'impression que cet objet nous avait envoyé une sorte de message au sujet de nos armes nucléaires. Le public a le droit de savoir. Il est temps de dire qu'une partie de nos missiles intercontinentaux ont été rendus hors service pendant que des ovnis étaient observés dans les parages par des témoins on ne peut plus crédibles[1]. »

Entre le 27 octobre et le 11 novembre 1975, la base de Malmstrom sera de nouveau survolée à plusieurs reprises par des « contrôleurs aériens », comme les surnommait en privé le général Twining. Le 7 novembre 1975, par exemple, un « disque brillant aussi grand qu'un terrain de football » est observé par de nombreux témoins, tandis que se modifient de manière aberrante les paramètres de guidage d'un escadron de missiles balistiques intercontinentaux Minuteman. Le commandement militaire envoie deux avions intercepteurs F-106 à la poursuite de l'ovni, dont la présence est confirmée sur les radars, mais qui leur échappe par une brutale accélération.

Le 7 mars 1977, c'est dans le ciel de France que se déroule un phénomène ahurissant. Deux officiers français, le commandant d'escadron Hervé Giraud et son

---

[1]. Donald A. Johnson, « NCP-11: Do Nuclear Facilities Attract UFOs? », art. cit.

Y a-t-il une bienveillance extraterrestre ?

navigateur, le capitaine Jean-Paul Abraham, sont en mission « exercice bombardement » à bord d'un Mirage IV porteur d'une bombe nucléaire. Il est 20 h 30. Ils se trouvent à la verticale de Chaumont, volant à une altitude de 9 750 mètres et à une vitesse de 1 000 kilomètres à l'heure, lorsqu'une lueur intense apparaît soudain derrière eux, grossissant à vue d'œil.

Pilote et navigateur voient la même chose : l'ovni, qui a ralenti pour se caler sur leur vitesse, est à présent à la droite du Mirage IV. Le commandant Giraud donne l'alerte au centre radar, décrit l'objet qui les a pris en chasse. Mais le contrôleur de la base de Contrexéville répond, catégorique, qu'il n'y a *absolument rien* sur le flanc du Mirage.

Crispé sur les commandes, Giraud récupère son sang-froid. Il amorce brusquement un virage à droite. L'objet lumineux l'imite aussitôt, littéralement collé à sa trajectoire. Puis il disparaît, et revient quelques minutes plus tard continuer sa démonstration de force, pour ne pas dire son numéro de provoc. « J'ai une impression de forme et de masse imposante, beaucoup plus grosse que mon Mirage, affirme le commandant. Je renverse légèrement, et la lumière repart vers l'ouest en produisant une espèce de traînée, avec une accélération phénoménale. » Vitesse largement supersonique, sans que le moindre bang trouble le sommeil de la région survolée.

Giraud et Abraham confirmeront aux enquêteurs que l'« objet », indétectable par les radars, volait à plus de 6 000 kilomètres à l'heure, avec des accélérations de

La bienveillance est une arme absolue

20 à 30 g[1]. Sachant que, soumis à une force de 14 g, un corps humain se disloque au bout de quelques secondes, le champ des possibles se réduit. En admettant qu'une intelligence soit aux commandes, sur place ou à distance, de cet engin lumineux, quelle intention peut-on lui prêter ? À aucun moment la « présence » n'a paru hostile, sans cesser toutefois de manifester avec insistance, comme le soulignent les pilotes, sa suprématie technologique. Sous-entendu : « Si je le voulais, rien ne m'empêcherait de vous détruire. Ou de neutraliser la bombe nucléaire que vous êtes susceptibles de lâcher. »

Ce témoignage figure dans le rapport COMETA, publié sous l'égide de l'Institut des hautes études de défense nationale. Constitué en 1995, ce comité composé d'officiers de l'armée de l'air, de pilotes militaires et civils, de physiciens et d'ingénieurs était chargé, sous la direction du général Denis Letty, de remettre au président Jacques Chirac et au Premier ministre Lionel Jospin une analyse complète et objective de l'avancée des recherches et connaissances sur le dossier « ovnis ». Ils ne furent pas déçus.

Trois ans après cet outrage à la force de frappe française, c'est le Royaume-Uni qui subit à son tour un joli harcèlement ufologique, pendant les vacances de Noël. Entre le 27 et le 30 décembre 1980, les bases de Bentwaters et Woodbridge, dans le Suffolk, sont attaquées par un ovni qui « tire des rayons en direction du sol », comme

---

1. « Témoignages de pilotes français », *in* rapport COMETA, www.cnes-geipan.fr/

Y a-t-il une bienveillance extraterrestre ?

on peut le lire dans le rapport du commandant de la base de Woodbridge, le lieutenant-colonel Charles Halt.

Le secret défense fut bien sûr décrété sur-le-champ, mais, en 1983, le *Freedom of Information Act* obligea le gouvernement britannique à mettre les rapports militaires à la disposition du public – rapports concernant par exemple la nuit du 27 décembre 1980 : l'observation d'un ovni au sol mesurant trois mètres sur deux, sa « séparation en cinq objets distincts qui s'envolèrent aussitôt », les traces végétales et radioactives laissées dans la forêt et le « tir de rayons lumineux » du lendemain sur la base de Woodbridge[1].

La cible était un bunker isolé. D'après le colonel Halt, c'est « grâce à cette agression extraterrestre » qu'il a découvert que les États-Unis y stockaient à son insu, dans la partie américaine de la base anglaise qu'il dirigeait, des ogives nucléaires. Des ogives destinées à repousser l'Armée rouge si elle envahissait l'Allemagne de l'Ouest[2].

*

Le 27 septembre 2010, à la conférence de presse du National Press Club à Washington, retransmise par la chaîne CNN, sept officiers retraités de l'US Air Force ont fait un point complet sur les dizaines de désactivations de missiles nucléaires par ondes électromagnétiques

---

1. Mémo du lieutenant colonel Charles I. Halt, commandant la base de Woodbridge, à l'adresse des états-majors de la Royal Air Force et de l'United States Air Force, 13 janvier 1981.
2. www.charleshalt.com/

La bienveillance est une arme absolue

émanant d'engins non identifiés. « À titre personnel, je pense qu'ils ne sont pas de la planète Terre », a conclu le lieutenant Salas, dont le rapport sur l'incident de 1967 à la base de Malmstrom avait ouvert une brèche dans laquelle se sont engouffrés beaucoup d'autres gradés, malgré les tentatives d'intimidation, la peur du ridicule et l'ordonnance militaire de 1953 punissant de dix ans d'emprisonnement et de 10 000 dollars d'amende la « divulgation non autorisée d'une observation d'ovni[1] ».

Depuis la Seconde Guerrre mondiale, périodiquement et de manière spectaculaire, des vaisseaux d'origine inconnue semblent ainsi avoir joué les gardiens de la paix. Mais la question reste ouverte : quelles sont les intentions de ces éventuels extraterrestres ? Apparemment, surveiller nos avancées technologiques, étudier les faiblesses de notre arsenal nucléaire, et le neutraliser pour éviter que nous nous détruisions – ou que nous causions de graves dommages à une planète qu'ils souhaiteraient conserver en état d'origine pour leur usage personnel.

Dernier épisode en date : le survol de centrales nucléaires françaises et belges à plus de trente reprises, fin 2014 et début 2015. Des viols d'espaces aériens interdits, imputés à des « drones » dont aucun système de surveillance n'a détecté l'approche, et qu'on n'a pas réussi à intercepter, de source officielle. Sachant que ces « drones », aux dires des témoins oculaires, ne seraient pas d'une taille infé-

---

[1]. Ordonnance JANAP (Joint Army Navy Air Force Publication) nº 146, 1953 (source : rapport COMETA).

Y a-t-il une bienveillance extraterrestre ?

rieure à deux mètres de diamètre, on a un peu de mal à imaginer des gamins farceurs téléguidant leurs joujoux pour se lancer des défis sur Facebook. Bruno Comby, ingénieur en génie nucléaire, a déclaré sur BFMTV, le 3 novembre 2014, qu'il pouvait s'agir de drones terroristes « cartographiant les centrales afin de préparer un attentat ». Et le gouvernement, l'armée auraient laissé faire, sans détection, sommations, interception ni destruction ? On rêve.

Le 20 janvier 2015, le directeur de la centrale nucléaire du Blayais – survolée par un de ces engins le 13 octobre 2014 – s'est montré rassurant devant les journalistes : « Ici, on n'a pas vu de drones. On a vu un ovni, et il n'y a eu aucun impact sur la sécurité de nos sites[1]. » Pour une fois, serait-on tenté de dire, quand on apprend dans la même conférence de presse que cette centrale proche de Bordeaux a connu, en 2014, plusieurs incidents et erreurs graves, comme la détection tardive d'un robinet « inétanche » sur un circuit de sauvegarde, la remise sous tension « inappropriée » d'un tableau électrique, ou les « traces de contamination externe au niveau du visage d'un intervenant ». Sachant que ladite centrale, non concernée par la fermeture de réacteurs prévue par la loi de transition énergétique, est repartie pour au moins dix ans, on en viendrait à se demander si les ovnis, non contents de montrer qu'ils désapprouvent nos armes nucléaires, ne souhaiteraient pas attirer notre

---

[1]. Jérôme Jamet, « "C'est un ovni, pas un drone" qui a survolé la centrale nucléaire du Blayais », *Sud-Ouest*, 21 janvier 2015.

attention sur les failles sécuritaires et les dangers potentiels de nos installations civiles.

D'autant qu'il y a eu des précédents. À Tchernobyl, en 1986, les apparitions d'engins mystérieux signalés par de nombreux témoins, un mois avant l'explosion de la centrale, furent classées sans suite. En revanche, on eut beaucoup de mal à cacher à la population la présence d'un ovni qui, d'après une centaine de survivants, « resta six heures en sustentation au-dessus du quatrième générateur de la centrale[1] ». Ce même générateur qui, suite à une erreur humaine, fut détruit par de la vapeur surchauffée. Si l'explosion avait été totale, les 180 tonnes d'uranium enrichi dans le réacteur auraient rayé de la carte la moitié de l'Europe. Des extraterrestres, comme l'ont affirmé certains, ont-ils contribué à réduire la catastrophe à un « simple » souffle thermique ?

Le physicien français Georges Lochak, président de la Fondation Louis-de-Broglie, l'un des experts qui a le plus étudié, sur place, l'origine, la nature et les conséquences de la catastrophe de Tchernobyl, affirme dans un ouvrage de vulgarisation scientifique : « Ce que l'on sait, même si cela n'a jamais été dévoilé au grand jour, c'est que des transmutations se sont produites au sein du réacteur au moment de l'accident. Par exemple, on y a trouvé une dizaine de tonnes d'aluminium, métal qui est totalement étranger à la construction d'un réacteur[2]. »

---

1. *Pravda*, 14 septembre 2002.
2. Guillaume Grandazzi, Galia Ackerman et Frédérick Lemarchand, *Les Silences de Tchernobyl. L'avenir contaminé*, Autrement, 2006.

Y a-t-il une bienveillance extraterrestre ?

Des *transmutations*. Comme au temps des alchimistes, quand Nicolas Flamel et ses émules tentaient de changer le plomb en or. Précisons qu'il est rigoureusement impossible, en chimie, d'obtenir de l'aluminium à partir d'uranium enrichi. Que s'est-il passé, alors ? Comment cet aluminium s'est-il retrouvé là, remplaçant le combustible nucléaire qui, lui, s'était « évaporé » à 90 % ? Silence des experts.

Et puis, il y eut Fukushima, en mars 2011. Rebelote : un hélicoptère de la télévision japonaise a longuement filmé un ovni en vol stationnaire au-dessus de la centrale, durant la catastrophe qui a failli détruire le Japon. Compte tenu de la quantité de combustible nucléaire présent dans le réacteur, l'accident de Fukushima aurait dû être trois cents fois plus dévastateur que celui de Tchernobyl. Tous les spécialistes s'accordent à dire que 99 % des conséquences logiques de cette catastrophe n'ont pas eu lieu[1]. Par quel miracle ? A-t-on retrouvé, dans le réacteur, de l'aluminium en lieu et place de l'uranium ? Aucun commentaire officiel du Japon. C'est le ministère de la Défense chinois qui a mis en ligne sur Internet les vidéos de l'ovni salvateur. Le gouvernement japonais a répondu que « ce n'était pas forcément un ovni ». L'hypothèse d'un dirigeable a été évoquée. Même celle d'un TGV, soulevé de ses rails par le tsunami. Quand on regarde les images sur YouTube ou Dailymotion, ce n'est pas vraiment flagrant.

---

1. Daniel Harran, *Les Ovnis et le nucléaire*, Le Temps Présent, 2017.

La bienveillance est une arme absolue

*

Que dire en conclusion ? Jusqu'à présent, toutes ces interventions spectaculaires, difficilement imputables à une technologie terrestre, inspirées en apparence par le principe de précaution ou l'urgence humanitaire, n'ont jamais fait de victimes directes – hormis quelques témoins cardiaques. Mais la bienveillance a besoin d'être entendue et suivie d'effets. Sans quoi, la fin justifiant les moyens, d'autres armes pourraient être employées. La grande question est de savoir si, vu d'« ailleurs », le plus important est de préserver l'espèce humaine ou la planète Terre.

26

La bienveillance posthume

Après ce petit florilège d'actions de salut public venues de l'espace, intéressons-nous à celles qui semblent émaner de l'au-delà. C'est un sujet sur lequel les témoignages ne cessent de se multiplier, en dépit d'une autocensure compréhensible dont les effets et les limites ressemblent à ceux du secret défense en matière d'ovni : trop de pressions finissent par faire céder le barrage.

Face au chagrin, au désespoir, au doute qui accompagnent le décès des êtres chers, leur conscience paraît parfois nous envoyer des signes de présence, des messages de réconfort, des accusés de réception liés aux questions qu'on leur pose ou aux sentiments qu'on leur exprime... Si, dans les exemples qui vont suivre, la matérialisation concrète de ces apparentes « intentions » est indéniable, attestée par des témoins, l'authenticité de leur provenance est bien entendu subjective. À chacun de ressentir et de valider ou non la « signature » du phénomène. En ce qui me concerne, les cas les plus probants relèvent du clin d'œil. Ils portent l'empreinte de l'humour ou d'une obsession qui caractérisait le défunt.

Mon père a été inhumé la veille de ses quatre-vingt-onze ans. Le repas qui suivit ses obsèques fut fidèle à sa nature : ses amis étaient venus de partout, les plus anciens comme les tout neufs – il avait eu jusqu'au bout ce talent particulier de savoir créer des liens immédiats, au-delà des âges et des clivages. On évoquait ses canulars, ses gaffes, ses colères décapantes, ses enthousiasmes à l'emporte-pièce, les folies que la générosité lui avait fait commettre. Je regardais cette tablée de fête et j'étais heureux pour lui ; on aurait dit qu'il *recevait*.

Le lendemain matin, les amis repartis, il fut décrété, dans l'appartement redevenu calme, que sa mort n'avait aucune raison d'occulter l'anniversaire de sa naissance. Je coupai un morceau de panettone, son gâteau préféré, et je retournai les tiroirs à la recherche de bougies. Dans un vieux sachet, j'en trouvai une dizaine, torsadées, bleu lavande, qui devaient dater de mon enfance. On en planta une dans la part de panettone, on l'alluma et on porta le tout jusqu'à sa place, sur la table de la salle à manger, en chantant d'une voix lézardée *Happy Birthday*. Et puis je lui dis : « Souffle ! » Au bout de quelques instants, comme rien ne se passait, je le fis pour lui, et nous applaudîmes comme des andouilles. Je recueillis une larme pour humecter la mèche qui cessa de fumer.

En reculant, je renversai l'un des vases qui fleurissaient sa mémoire. Ramassant les morceaux de verre, épongeant nappe et tapis, on resta un bon quart d'heure dans la pièce à réparer le genre de dégâts que lui-même causait si souvent de son vivant. Puis on quitta la salle à manger. Quand on y revint, quelques minutes plus tard, la bougie s'était rallumée.

La bienveillance posthume

Mon premier réflexe, une fois le prodige constaté, fut de chercher une explication rationnelle. J'allumai à la cuisine les neuf bougies restant dans le sachet, puis les soufflai pour voir ce qui allait se passer – peut-être s'agissait-il d'une variante de ces mèches à gaz qu'on ne parvient jamais à éteindre ? Elles ne se rallumèrent pas. Ce n'étaient que des ficelles normales enfermées dans du suif ordinaire. Et celle de son anniversaire termina de manière tout à fait naturelle sa carrière de bougie : au bout de vingt minutes, il n'y eut plus qu'une mèche carbonisée qui s'incurva comme un point d'interrogation avant de tomber en cendres.

Le sens était clair, à mes yeux : nous avions choisi le canal de l'humour pour communiquer avec papa, et il avait répondu sur la même longueur d'onde. Lui... ou une énergie conductrice agissant contre les lois apparentes de la physique pour s'exprimer en son nom.

Quatorze ans plus tard, le 18 mars 2019, c'est au tour de ma mère de « rendre son tablier », comme elle disait avec un sourire résigné aux infirmières des soins palliatifs. Le lendemain de ses obsèques, je me rends à Nice pour en acquitter la facture. Les pompes funèbres Roblot sont situées au cœur de la Vieille-Ville, à cinquante mètres de la rue Alexandre-Mari où j'ai passé mes premières années sur Terre. Cette ironie de la géographie nimbe d'un sourire nostalgique la situation où je me trouve, face à une jeune femme légèrement décalée entre un physique de rigolote, une pétulance sexy et la rigueur empesée que sa profession implique. Elle me présente ses condoléances, me détaille les tarifs appliqués à ma mère, puis me rappelle, désolée, qu'il me reste à régler le solde de son beau-frère. Je confirme. Un mois plus tôt, dans le même bureau, j'ai organisé les funérailles de mon oncle avec un de ses collègues qui, en tant que lecteur, m'a offert une remise de 10 % sur le cercueil et les accessoires. Je n'ai toujours pas reçu la facture et, entre-temps, mon lecteur a quitté l'entreprise. Sa remplaçante reporte donc sur le « total » de ma mère ce qu'elle appelle « l'arriéré » de mon oncle. Je lui fais remarquer que le rabais promis n'y figure pas.

— Ah ouais, désolée, mais Benoît ne fait plus partie de la société, et j'peux pas modifier une facture déjà éditée. Vous réglez par carte ?

J'ai conscience alors de me comporter comme ma mère n'aurait pas manqué de le faire : je discute, j'argumente, je marchande. Tout ce qui me gonfle, dans la vie, mais qui était pour elle un sport national. Aussi généreuse que regardante, elle jetait son argent par la fenêtre des bonnes causes, mais ne supportait pas de « se faire avoir ». Jusqu'à son dernier souffle, elle a recalculé les additions au restaurant, épluché les tickets de caisse, vérifié les prix affichés en rayon, les promos, les bons de réduction, les prestations d'hôpital...

— Bon, allez ! tranche la négociatrice funéraire en tortillant une frisette échappée de son chignon, OK pour un p'tit geste commercial. On reporte les 10 % de vot' tonton sur le compte de vot' maman, ça lui fera une double remise. Ça marche ?

Ça marche. J'imagine la jubilation posthume de ma mère qui, depuis soixante ans, nourrissait contre le mari

La bienveillance posthume

de sa sœur une animosité sans relâche que j'avais toujours trouvée injuste. Elle l'a si souvent traité de radin que, ce matin, le fait de lui piquer ses 10 % de rabais remet les pendules à l'heure. J'entends alors, au clocher voisin de Saint-François-de-Paule, sonner les douze coups de midi. Je conclus l'affaire, et je regagne l'appartement maternel où Monique – sa jeune femme de ménage devenue l'amie de ses derniers mois, la seule dont elle ait jamais accepté de dépendre – est en train de rassembler les stocks de chimio pour les rendre à la pharmacie. *Shallow* de Lady Gaga s'échappe à tue-tête de la cuisine. À peine suis-je entré que Monique se précipite sur moi, dans tous ses états, pour me dire que la radio de maman s'est allumée toute seule. Son vieux radio-réveil des années 80, ce cube à gros chiffres rouges qui rythmait ses matinées de cuisine, avant que ses doigts n'aient plus la force de manœuvrer le bouton marche/arrêt corrodé par le temps et les fumées de cuisson. Depuis trois ans au moins, elle passait d'une station à l'autre avec la zapette de sa télé, et la vieille radio désaffectée ne servait plus qu'à donner l'heure.

Je vérifie : la fonction « réveil » n'est pas enclenchée. Le bouton est sur *on*, et, complètement grippé, je n'arrive pas à le repositionner sur *off*. Je dois m'y prendre à deux mains pour bloquer l'appareil tandis que je force l'interrupteur. Le silence revenu, je demande à quelle heure il s'est déclenché.

— À midi ! répond Monique d'une voix blanche. J'étais à la salle de bains. Quand j'ai déboulé dans la cuisine, la radio marquait 12 h 01.

La bienveillance est une arme absolue

Pour peu qu'on l'accepte, le phénomène me paraît simple à décrypter. À l'instant de ce marchandage funéraire où, forçant ma nature, je m'entendais parler comme ma mère, ce vieil objet symbole de ses jours actifs s'est remis en marche. Et il me semble que le signe, même si j'en suis la cause involontaire, est destiné à Monique. À celle qui, les derniers temps, accomplissait pour elle tous les gestes de la vie quotidienne. Là, elle lui montre qu'elle peut agir toute seule, désormais. C'est, à mes yeux, une façon de la remercier, et surtout de la réconforter en l'arrachant brusquement, par une stupeur émerveillée, à l'énorme chagrin qui l'avait submergée à l'hôpital et au cimetière. Je lui raconte la négo des pompes funèbres. Elle qui, souvent, a assisté aux pinaillages maternels chez Carrefour Market, éclate de rire dans ses larmes. Et, face à mon insistance, elle acceptera de considérer cette remise en route de la radio comme un clin d'œil à son endroit – un geste de bienveillance.

*

Dans le cas de la bougie et du radio-réveil, je me suis donc trouvé confronté à des impossibilités techniques où j'ai cru déceler une signature affective. Mais cette bienveillance d'outre-tombe destinée, semble-t-il, à rassurer les vivants sur la pérennité de la conscience, est parfois gouvernée par des objectifs beaucoup plus puissants. Le but n'est plus alors d'adoucir le présent ; il s'agit d'éclairer un drame passé pour empêcher qu'il ne se reproduise.

La bienveillance posthume

La littérature fantastique, le cinéma et les séries US ont imposé une image un peu réductrice du fantôme et de ses raisons d'être : hantise involontaire liée à une mort brutale mal assimilée, parasitage délibéré dû au refus de quitter un lieu ou une personne, violences morbides, besoin de vengeance, de justice, de réhabilitation... Mais les revenants qui, transformant le droit d'asile en devoir d'ingérence, s'incrustent à titre désintéressé pour le seul bien de l'humanité, ne sont presque jamais traités dans les fictions. Les faits divers, eux, en fournissent quelques exemples impressionnants, notamment lors de catastrophes où les enquêteurs disent avoir reçu une aide précieuse en provenance apparente de l'au-delà. L'un des cas les plus troublants et les plus documentés fut le crash du R-101, le plus grand dirigeable du monde.

Le 5 octobre 1930, ce fleuron de la flotte commerciale anglaise, assurant la liaison entre Londres et Karachi, s'enflamme brusquement au-dessus de la France et s'écrase sur une colline proche de Beauvais. Quarante-huit morts, dont le ministre de l'Air britannique, Lord Thomson. Les six survivants, à l'arrière, n'ont rien vu, rien perçu des conditions dans lesquelles l'incendie s'est déclaré. Sabotage criminel, impact de foudre, défaillance technique d'un ballon de gaz, défaut de protection de la toile, fuite d'hydrogène sur le nez avant causée par l'attaque d'un oiseau de proie... Les hypothèses se succèdent sans aucun indice, l'enquête piétine.

C'est alors que, deux jours après la tragédie, au Laboratoire national de recherche psychologique de Londres, une célèbre médium, Eileen Garrett, qui aide parfois

La bienveillance est une arme absolue

Scotland Yard à résoudre des crimes en prêtant ses cordes vocales aux défunts concernés, apporte au sujet de l'accident une série de réponses que personne ne lui demandait. Ce 7 octobre 1930, Mrs Garrett se trouvait (je cite le procès-verbal de la séance) en pleine réception d'un message de Sir Arthur Conan Doyle – le créateur de Sherlock Holmes qui, décédé trois mois plus tôt, était de son vivant un spirite acharné –, lorsque sa voix se modifie soudain. Et les témoins de la transe entendent ces mots s'échapper des lèvres de la dame, sur un ton de gravité sobre :

— Ici le lieutenant Carmichael Irwin, commandant le dirigeable R-101, voilà ce qui s'est passé.

S'ensuit une description technique pointilleuse des circonstances et des causes de l'incendie. Extrait du rapport sténographié transmis pour information au ministère de l'Air et au journal *Morning Post* : « Élévateur enrayé... Entretoise tribord éclatée... Fuselage complètement engagé et le ballon pique une chandelle... L'adjonction du tube médian était une grosse erreur. Il consolidait, mais aux dépens du rebondissement qu'il rendait impossible. Trop lourd pour la capacité des moteurs. Frôlement des toits d'Achy... Éclatement de la charpente, incendie par retour de flamme... Explosion due à la friction dans une atmosphère chargée d'électricité à l'approche de l'orage[1]... »

Parmi les témoins de cette « déposition » figure Harry Price, président-fondateur du laboratoire où elle est

---

1. « R 101: Remarkable Seance », *Morning Post*, 10 octobre 1930.

La bienveillance posthume

recueillie. Un tel jargon technique est parfaitement clair pour cet écrivain de renom, dont les centres d'intérêt vont de la recherche psychique à l'archéologie en passant par l'aéronautique. Sur l'instant, il est impressionné par tous ces détails inconnus des profanes et non mentionnés dans la presse (le hameau d'Achy ne figure que sur les grandes cartes de navigation aérienne). Il objecte toutefois que l'essence brute d'un dirigeable n'est pas inflammable. Ce à quoi le défunt commandant lui répond qu'elle l'est devenue après compression dans les cylindres du R-101 – élément confirmé par le rapport d'enquête final des experts du ministère de l'Air. Ces derniers exprimeront leur gratitude pour ce témoignage qui les a « considérablement aidés dans l'enquête, les précisions qu'il contient ne pouvant émaner que d'un technicien au courant des problèmes de l'aéronautique, et ayant été à bord de ce dirigeable[1] ».

Sera également validée la mise en garde émise avec véhémence par le truchement de la médium, concernant, je cite, « un plan ahurissant de carbone et d'hydrogène, idiot, archi-idiot, qu'il ne faut surtout pas installer sur le SL 8, dites-le à Eckener ! » Vérification faite, le ministère de l'Air confirme qu'« une série d'expériences couvertes par le secret industriel est en cours, afin d'utiliser comme combustible un mélange de carbone et d'hydrogène, notamment sur le dirigeable allemand SL 8 ». Aussitôt prévenu, le responsable de ces recherches expérimen-

---

1. Rapport cité par Pierre Neuville dans *Ces vies que vous avez pourtant vécues* (Albin Michel, 1970).

tales, qui s'appelle effectivement Eckener, tient compte de l'avertissement et annule le projet, empêchant probablement d'autres accidents d'une gravité comparable[1].

C'est le général Jacques Hérisson qui, lorsqu'il était commandant militaire du palais de l'Élysée sous François Mitterrand, m'a parlé le premier de cet incroyable dossier qui avait aiguillonné ses jeunes années, le dirigeable s'étant écrasé dans sa région natale. Ami d'enfance de mon copain scénariste Richard Caron, il nous avait suggéré de raconter cette histoire si peu connue, ce que je fais bien tardivement aujourd'hui. À leur mémoire, et à celle du lieutenant Irwin.

*

Une telle manifestation d'altruisme exacerbé chez un défunt, soucieux d'éviter à la postérité des catastrophes liées à son domaine de compétence, demeure relativement rare. Il est plus fréquent, aux dires des spécialistes, que les obsessions issues d'une vie brisée se répercutent dans une existence ultérieure. En tout état de cause, point n'est besoin d'être un adepte convaincu de la réincarnation pour être ému par le cas récent le plus étudié que je connaisse dans ce domaine : l'affaire Leininger.

Le petit James naît en Louisiane, en 1999. Quand un avion passe dans le ciel au-dessus de sa poussette, il le montre du doigt avec des signes d'impatience. Dès qu'il

---

1. Harry Price, *Leaves from a Psychist's Case-Book*, Victor Gollancz, 1933 ; André Dumas, *La Science de l'âme*, OCIA éditions, 1947.

est en âge de marcher, Bruce Leininger, son père, amusé par cette fascination précoce, l'emmène visiter un musée dédié à l'aviation. C'est le choc. Le bébé arpente le hangar de la Seconde Guerre mondiale, de chasseur en bombardier, rayonnant, heureux. Il a l'air chez lui. Il refuse d'en partir. Son père n'arrivera à le calmer qu'en lui achetant un avion miniature. James repart aux commandes, mitraillant le sol et les passants qu'il croise[1].

Ses premiers mots n'arrangeront rien. Du matin au soir, il bassine ses parents avec des souvenirs d'ancien combattant. Il raconte « sa guerre ». Il emploie des mots d'une précision technique hallucinante. À croire qu'un adulte lui bourre le crâne avec des récits de vétéran – mais qui ? Sa mère est tout le temps avec lui, son père dirige les ressources humaines d'une société pétrolière, ce sont de bons chrétiens sans histoires et personne dans la famille n'a été pilote de chasse. Est-ce l'influence de la télé ? On ne lui montre que des programmes pour enfants, qui ne l'intéressent que très moyennement. Il n'a pas le temps. Au beau milieu d'un *Mickey* ou d'un *Tom et Jerry*, il doit partir en mission de combat. Quand on lui demande sur qui il tire, il répond invariablement : « Les Japonais. »

Et il dessine. Toujours les mêmes scènes : des batailles navales pleines d'avions à hélices et d'explosions. Il signe ces horreurs de son prénom suivi d'un chiffre. *James 3*. À ceux qui veulent savoir pourquoi, il déclare sur un ton d'évidence qu'il est « le troisième James ». La même évi-

---

[1]. Miriam Gablier, *La Réincarnation. Une enquête aux frontières de la mémoire*, La Martinière, 2014.

La bienveillance est une arme absolue

dence que lorsqu'il mitraille avec rage les Japonais qu'il croise dans la rue.

La nuit, c'est pire. Il réveille ses parents en hurlant. Il dit que son avion est en feu, qu'il s'écrase.

— Ils m'ont tiré dessus !
— Qui ça ?
— Les Japs !

Ce qui frappe particulièrement le couple Leiniger, c'est que leur bébé se débat « exactement comme l'aurait fait quelqu'un de réellement coincé dans un avion[1] ». Puis, quand le cauchemar se dissipe, il serre contre lui les trois G.I. Joe qu'on lui a offerts pour Noël. Il les a baptisés Billie, Walter et Leon. Lorsqu'on lui demande pourquoi ils s'appellent ainsi, il explique qu'ils sont morts avant lui, et qu'ils l'ont accueilli quand il est arrivé au ciel. Que répondre ?

L'enfant vit de moins en moins au présent. Le jour, il est en vol de reconnaissance ; la nuit, il se crashe. Son obsession est telle qu'on est obligé d'entrer dans son jeu si l'on veut garder le contact. Du coup, son père le presse de questions en rafales :

— Tu étais copain avec un autre pilote ?
— Oui. Jack Larsen.
— D'où tu décolles ?
— D'un bateau.
— Comment il s'appelle ?

---

1. Natacha Calestrémé et Stéphane Allix, *Enquêtes extraordinaires*, saison 2, DVD 3, « La Mort ; La Réincarnation », Éditions Montparnasse, 2014.

La bienveillance posthume

— Le *Natoma*.
Bruce Leininger lui fait remarquer que c'est un nom japonais, lui demande d'un ton goguenard s'il a changé de camp. Le regard incendiaire de l'enfant lui fait baisser les yeux. On ne rigole pas avec ça. Alors Bruce interroge Google. Des Jack Larsen, il y en a des dizaines dans l'armée américaine, mais aucun d'eux n'est mort durant la guerre contre le Japon. Ça le rassure. Il poursuit ses recherches et manque tomber de sa chaise : un porte-avions américain nommé *Natoma Bay* a bel et bien participé aux combats dans l'océan Pacifique, en 1945. Comment un enfant de deux ans peut-il avoir une telle connaissance du théâtre des opérations militaires, un demi-siècle plus tôt ?
Leininger prend un livre sur le Japon et le Pacifique, lui demande où « tout cela » s'est passé.
— Ici ! s'exclame le gamin en posant le doigt sur une photo. C'est ici que mon avion est tombé.
Il désigne l'océan au large de l'île d'Iwo Jima.
Bruce bondit sur son ordinateur. Une bataille a bien eu lieu autour de cette île, le 3 mars 1945. Le *Natoma Bay*, tête de pont de l'offensive américaine, s'y trouvait. Le père décide alors de prendre les choses en main. Il découvre une association des anciens du porte-avions, la contacte et demande qu'on lui envoie la liste des pilotes tués au combat, durant l'engagement du *Natoma Bay* dans la campagne du Pacifique. Il l'épluche. Aucun Jack Larsen. En revanche, trois noms le font sursauter : Billie Peeler, Walter Devlin, Leon Conner. Les trois prénoms donnés par James à ses G.I. Joe ! Leininger n'en peut plus

La bienveillance est une arme absolue

de ces coïncidences en série. Tous les trois sont morts à l'automne 1944, six mois avant la bataille d'Iwo Jima, comme l'a raconté James.

Les choses sont claires à présent, hélas. Tous les indices vont dans le même sens : celui d'une existence antérieure que revivrait le petit garçon, hanté par le souvenir d'une mort tragique, d'un destin trop tôt interrompu qui *demande à refaire surface*. Mais Bruce refuse cette hypothèse. Il ne croit pas à la réincarnation, il ne *veut pas* y croire. Ce qui est particulièrement intéressant dans sa démarche, telle qu'elle est décrite au jour le jour dans le récit qu'il publiera avec son épouse, c'est que ce rationaliste va mener une minutieuse enquête *à charge*, pour prouver que son fils n'a rien à voir avec le pilote inconnu auquel il s'identifie[1]. Mais plus Leininger avance dans ses investigations à la recherche d'une erreur historique, plus les documents militaires et les témoignages de survivants accréditent les détails donnés par James.

À la réunion des anciens du *Natoma Bay* où il se rend, en 2002, voilà que le malheureux Bruce tombe sur... Jack Larsen, le camarade de combat évoqué par son fils. S'il n'a pas trouvé son nom dans les victimes de guerre, c'est que le vétéran est là, devant lui, en pleine forme ! Et il était bien présent à bord du *Natoma* lors de l'attaque d'Iwo Jima, le 3 mars 1945. Quand Leininger lui décrit le crash d'un avion américain abattu par les Japonais, tel que son fils le raconte et le dessine, un seul nom vient aux lèvres de l'ancien soldat : James Huston Junior.

---

1. Bruce et Andrea Leininger, *Réincarné*, Dervy, 2014.

La bienveillance posthume

Bruce vacille. L'officier lui montre le journal de guerre de l'escadron VC-81, lequel précise que le FM-2 piloté par le lieutenant James Huston Junior, touché par un tir antiaérien, a plongé à 45° dans l'océan où il a explosé – comme sur les dessins de l'enfant.

Bruce retourne en Louisiane, effondré. Non seulement le pilote tué par les Japonais à Iwo Jima porte le même prénom que son fils, mais, sur les photos qu'il s'est procurées, il lui ressemble comme un grand frère ! Et Andrea Leininger en rajoute une couche :

— Voilà pourquoi il signe ses dessins *James 3* ! Si le pilote s'appelait James Huston Junior, c'est que son père se nommait James aussi. Donc, notre enfant est bien le « troisième James » !

Cette logique imparable ne fait pas l'affaire de Bruce. Il lui reste un ultime espoir, qui s'apparente à la roulette russe : contacter la famille de celui que son fils affirme avoir été, en priant Dieu pour que personne ne le « reconnaisse ».

Au téléphone, la sœur du pilote décédé, Annie, confirme aux Leininger que tout ce qu'est en train de lui raconter cet inconnu de trois ans est exact. Et c'est du lourd ! Le petit James évoque auprès de la vieille dame l'alcoolisme de « leur » père, le talent d'aquarelliste de « leur » mère – autant de souvenirs communs... En quelques phrases, quelques détails connus d'elle seule, Annie est persuadée de parler à la réincarnation de son cher frère. Elle est en larmes, des larmes de joie, de gratitude infinie.

Dès lors, les cauchemars de l'enfant prennent fin. Sa « sœur d'avant » l'a reconnu, il a pu lui dire des choses intimes que les Leininger n'ont pas bien comprises, mais... ça ne les *regarde* pas. Surtout, le père a déposé les armes. Il accepte enfin la « cohabitation » du James Junior avec son James à lui. Et l'harmonie revient dans cette famille « élargie ». La jeune victime de la bataille d'Iwo Jima a gagné son droit à l'escale. Le petit garçon continue de dessiner des avions à hélices, mais ils ne sont plus en flammes, il n'y a plus d'explosion ; les dessins sont pleins de douceur et ils sont signés *James* tout court. La guerre est finie ; la bienveillance a gagné sur tous les fronts. Il ne reste que la phase ultime : le pardon.

En 2005, James vient d'avoir six ans. Il va bien, ses nuits sont calmes et ses journées normales, il vit comme des millions de petits Américains entre l'école, le base-ball et les copains de son âge. C'est alors que ses parents prennent une décision déconcertante, un peu dangereuse, mais inspirée sans doute par la confiance nouvelle qui les habite. Ils acceptent l'invitation d'une chaîne de télé japonaise. Les anciens soldats du *Natoma Bay*, en effet, ont raconté à la presse l'incroyable réincarnation de leur camarade de combat. La nouvelle a fait le tour de la planète, et une célèbre émission nippone a convié la famille Leininger à se rendre en pèlerinage médiatique au large d'Iwo Jima.

Voici donc le petit garçon embarqué avec ses parents sur un bateau affrété par l'équipe de télé, à l'endroit précis où s'est abîmé l'avion de James Huston Junior. Il se passe alors une chose bouleversante. Comme on disperse mentalement les cendres d'un disparu, James « relâche » les émotions de son *alter ego*.

La bienveillance posthume

— Il a pleuré pendant vingt minutes, racontera son père devant la caméra du journaliste Stéphane Allix. Ensuite, c'était un autre enfant. Il s'était libéré de cette mémoire.

Et surtout, comme le racontera lui-même à dix-sept ans, en 2014, le grand gaillard cool qu'est devenu James, il a *pardonné* sur place au soldat japonais qui l'avait abattu en vol dans une autre vie. Délivré par cette absolution rétroactive, il peut se consacrer pleinement à son existence présente de « James tout court ».

S'agissait-il d'une réincarnation ou de la mémoire d'un « passager clandestin », qui, tel le lieutenant Irwin squattant les cordes vocales d'une médium, serait venu se greffer dans son cerveau ? En tout cas, l'acte de bienveillance accompli sur un navire japonais par ce petit Américain de 6 ans s'est révélé, avec le recul, la meilleure des armes contre la rancune obsessionnelle et l'emprise du passé qui, sinon, auraient pu continuer à gâcher la mort de l'un comme la vie de l'autre.

27

La bienveillance divine

Comment empêcher un génocide avec un morceau de tissu ? En 1531, au Mexique, sous l'occupation espagnole, c'est l'exploit que va réussir Juan Diego, un petit Indien aztèque illettré et sans le sou. Pas tout seul, certes. Comme l'a souligné en 2002 le pape Jean-Paul II, il s'agit de « la plus grande manifestation de bienveillance spirituelle qui ait marqué l'histoire du monde ».

Je ne reviendrai pas ici sur toutes les implications et conséquences de ce miracle révolutionnaire, attesté par des historiens et des scientifiques de tout bord, mais quasiment inconnu en France avant que je lui consacre un roman[1]. Auparavant, tout ce qu'on pouvait lire en français sur la tunique de Guadalupe, c'était une étude savante parue dans une revue introuvable[2], et un chapitre dans une enquête du père François Brune touchant à différents prodiges inexpliqués[3].

---

1. *L'Apparition*, Albin Michel, 2001 ; Le Livre de Poche, 2003.
2. Frère Bruno Bonnet-Eymard, *Notre-Dame de Guadalupe et son image devant l'histoire et la science*, in CRC n° 157, septembre 1980.
3. Père François Brune, *Les Miracles et autres prodiges*, Philippe Lebaud, 2000.

La bienveillance divine

Rappelons les faits. Le 12 décembre 1531, un modeste Indien frappe à la porte de l'évêché de Mexico. Il s'appelle Cuauhtlatoatzin, mais les colons chrétiens, lorsqu'ils l'ont converti, l'ont rebaptisé Juan Diego. Il demande à voir l'évêque. Il dit qu'il vient de la part de la Vierge Marie. Le serviteur l'envoie promener. L'Indien insiste : elle lui est apparue trois fois sur le chemin de la messe, et elle veut absolument qu'il offre à l'évêque le bouquet de roses que voici.

Là, le serviteur est troublé. Des roses, en plein hiver ? Des sevillana magnifiques, en plus, les préférées de Mgr Zumárraga. Du coup, l'évêque de Mexico finit par recevoir le fleuriste improvisé, qui aussitôt lui délivre le message dont il est porteur : la Vierge demande la construction d'une chapelle sur la colline de Tepeyac. Le prélat se coince. Tepeyac, c'est l'ancien lieu sacré de la déesse-mère aztèque Tonantzin, que les missionnaires espagnols ont officiellement remplacée par la Vierge Marie, justement. Ça sent le traquenard. La provocation indigène.

Mais voilà que Juan Diego dépose aux pieds de Mgr Zumárraga les belles roses rouges qu'il tenait enveloppées dans sa tunique. Et l'évêque tombe à genoux, abasourdi. Sur toute la longueur de l'habit du pauvre Indien vient d'apparaître l'image imprimée de la Vierge Marie.

Ce ne serait qu'une belle légende, si une enquête canonique rigoureuse n'avait été effectuée par l'Espagne sur le cas de ce Juan Diego, qui se laissa « cuisiner » sans relâche et de bon cœur jusqu'à sa mort, dix-sept ans après les faits. Quant à sa tunique, faite de fibres d'agave extrêmement fragiles (durée de vie moyenne d'un tel vêtement : une vingtaine d'années), elle est exposée à Mexico depuis cinq siècles, en parfait état de conservation. Vingt millions de pèlerins défilent devant elle chaque année à la basilique de Guadalupe, et elle a fait l'objet des études scientifiques les plus poussées. Aucune n'a jamais pu définir la nature ni l'origine de l'image qui la recouvre. C'est une impression recto-verso sans apprêt, dont les couleurs proviennent de pigments inconnus sur Terre, a conclu le prix Nobel de chimie Richard Kuhn en 1936.

Dans les yeux de cette Vierge « peinte », on a décelé en 1980, au moyen d'un microdensitomètre de la NASA, les reflets des témoins de l'apparition – trois images : une à l'envers, sur la surface antérieure du cristallin, deux à l'endroit sur la cornée et la surface postérieure du cristallin, conformément à la loi optique formulée par Purkinje-Sanson en 1832[1]. Dernière découverte en date : une équipe d'ophtalmologues dirigée par le Dr Jorge Escalante Padilla a constaté en 1991, sur les paupières et la cornée de cette Vierge sur tissu, « la présence d'un réseau veineux normal, microscopique, parfaitement visible[2] ».

Mais tous les « indices » ne sont pas dans le regard. En 1981, le docteur en astronomie Hernández Illescas s'aperçoit, à son grand étonnement, que les étoiles

---

[1]. Dr José A. Tonsmann, *Los Ojos de la Virgen de Guadalupe*, Editorial Diana, 1981.

[2]. Dr Jorge Escalante Padilla, « Los ojos de la imagen de la Virgen de Guadalupe », *Histórica (colleccion II)*, Centro de Estudios Guadalupanos.

La bienveillance divine

ornant le manteau de ladite Vierge représentent la position exacte des constellations dans le ciel de Mexico, le 12 décembre 1531 – le jour où, d'après les documents espagnols et aztèques, l'image s'est « matérialisée » devant l'évêque sur le vêtement de Juan Diego[1].

Que penser de tout cela ? Cette tunique imprimée est un objet impossible. Et pourtant elle existe. Son état de conservation défie les lois de la nature comme celles de la physique. Elle a été exposée durant plus d'un siècle, sans même une vitre de protection, à la lumière permanente des cierges, dont le rayonnement ultraviolet aurait dû en toute logique décolorer, effacer son image. « Pourtant, elle garde toute sa fraîcheur et son éclat, comme au jour de sa formation[2]. » Elle a résisté à des inondations, à une projection d'acide, à un attentat qui détruisit en 1921 son autel et souffla toutes les vitres du quartier. Et elle n'en finit pas de fournir aux scientifiques des éléments de réflexion bousculant leurs certitudes, à mesure que de nouveaux instruments d'investigation et d'analyse voient le jour.

Destinée à être comprise par la science du futur, cette image eut à l'époque de son apparition un rôle politique crucial. Du point de vue des historiens, qu'ils soient ouverts ou non au « surnaturel », il est évident que ce bout de tissu a évité un génocide. Face aux exactions des colons, les Aztèques étaient en effet au bord d'une

---

1. Dr Juan H. Hernández Illescas et Pr Mario Rojas Sánchez, *Las estrellas del manto de la Virgen de Guadalupe*, Méndez Oteo, 1981.
2. Philip S. Callahan, *La Tilma de Juan Diego ¿Tecnica o milagro?*, Editorial Alhambra Mexicana, 1981.

révolte que les Espagnols auraient réprimée dans un bain de sang. Le fait que la Sainte Vierge ait choisi un Indien comme porte-parole auprès de son clergé eut, dans les deux camps, une répercussion considérable. Conséquence première : le pape Paul III décréta dans une bulle, en 1537, que « les Indiens du Mexique ont une âme » (merci pour les autres). Tuer un Aztèque devenait donc, désormais, un péché.

Les Indiens, de leur côté, furent bouleversés par le langage de l'image. Le manteau de cette Vierge, par ailleurs conforme à celui d'une jeune Juive du Ier siècle, est en effet orné de broderies représentant des symboles aztèques. Lesquels traduisent, dans un langage inaccessible aux Espagnols, le message d'amour et d'intercession pacifique associé pour les catholiques à la personne de Marie. Bilingue, l'image de Guadalupe a ainsi réconcilié deux cultures, deux religions, deux peuples. Sans parler des sauvetages et guérisons spectaculaires attribués à Juan Diego, constatés par une flopée d'experts en médecine.

Le plus ébouriffant de ces miracles est celui sur lequel je me suis assis, au sens propre, un après-midi de 2001. Venu à Mexico pour vérifier ma documentation, j'ai demandé à rencontrer Juan Homero Hernández Illescas, le docteur en astronomie qui avait découvert une carte du ciel sur la tunique de Guadalupe. Ce grand épicurien placide, affichant sur ses murs diplômes universitaires et menus des meilleurs restaurants du monde, m'a fait entrer dans son salon surencombré. De gros bouquins jonchaient le canapé où il m'a invité à prendre place. Durant une bonne heure, il m'a commenté ses tra-

La bienveillance divine

vaux entre deux verres de tequila, m'ensevelissant avec enthousiasme sous ses plans de la Voie lactée, ses macrophotos du textile et ses rapports d'expertise.

Quand j'ai fini par me relever, j'ai remarqué que la reliure des deux grimoires rembourrés sur lesquels j'avais posé les fesses comportait un gaufrage des clefs de saint Pierre, emblème du Vatican. Un peu confus et très curieux, j'ai demandé à mon hôte de quoi il s'agissait. Il a aussitôt ouvert les volumes, et j'ai découvert que je m'étais assis sur le sujet de mon roman.

Les deux tomes reliés en veau rassemblaient en effet le dossier médical, les dépositions de témoins et les compléments d'enquête nécessaires à tout procès en canonisation – deux miracles au moins étant obligatoires pour accéder au rang de présumé saint. Mais comment ce spécialiste des étoiles en était-il venu à rassembler les pièces à conviction des guérisons attribuées à Juan Diego ?

— Le hasard, répondit-il avec un sourire entendu. Il se trouve que je suis également médecin. J'étais de permanence à l'hôpital, ce jour-là : c'est moi qui ai examiné le gamin.

— Quel gamin ?

— Celui du miracle.

Et il me raconte une histoire renversante. Le 9 mai 1990, un jeune homme dépressif se jette du haut d'un immeuble sous les yeux de sa mère et s'écrase la tête la première sur la chaussée. À l'hôpital où il est transporté dans le coma, les examens radiologiques et le diagnostic du Dr Illescas ne laissent aucun espoir. Fracture gravissime à la base du crâne, rupture de la colonne vertébrale : c'est la paralysie assurée et la mort à très brève échéance.

Pour ménager la maman, Illescas lui conseille de se rendre à la basilique de Guadalupe, les prières à Juan Diego étant réputées efficaces dans les cas désespérés. Elle y court. Quelques jours après, à la stupeur générale, le jeune homme se retrouve en parfaite santé physique et mentale, sans la moindre séquelle. Et donc, neuf ans plus tard, à l'ouverture du procès de Juan Diego, c'est au principal témoin de cette guérison inexpliquée que le Vatican, en toute logique, s'adresse pour instruire l'affaire à Mexico[1].

Après examen par la curie et par un comité de médecins indépendants, comme le veut la procédure, la Congrégation pour les causes des saints conclut, à l'unanimité, que le cas sur lequel je m'étais assis ce jour-là ne constituait pas un miracle, mais deux miracles distincts, chacun des traumatismes constatés étant, aux yeux des spécialistes, incurable et mortel.

Autant de faits qui ont incité Jean-Paul II à canoniser le petit Indien, le 31 juillet 2002. Et ce malgré l'opposition farouche de plusieurs cardinaux qui, perclus de scrupules rationalistes ou raciaux, allèrent jusqu'à affirmer que cet indigène n'avait jamais existé. Une journaliste de la RAI, ayant lu *L'Apparition*, déclara à l'antenne que le pape, s'étant laissé abuser, avait canonisé un personnage

---

1. Une vidéo de la chaîne EWTN, où le Dr Hernández Illescas relate ces faits, est consultable sur YouTube : https://youtu.be/l3MFaFi5_ao

La bienveillance divine

de roman. J'ai, bien sûr, décliné toute responsabilité. Si ce n'est que, du jour où « mon » Juan Diego est devenu une célébrité du Web, les prières qu'on lui adresse et les résultats qu'on lui doit ont envahi les réseaux sociaux tout autour de la planète, créant une chaîne de bienveillance œcuménique rarement observée.

28

La bienveillance des adieux

Il y a mille et une façons de prendre congé des vivants. Dans ma famille, mes amours, mes amis, j'ai à peu près tout connu : la mort subite à cause d'une marche ratée, la maladie au long cours qui dénature ou transcende, la souffrance en révolte et le lâcher-prise serein, l'envie d'en finir et le besoin de s'accrocher. Les deux agonies les plus bienveillantes qu'il m'ait été donné d'accompagner sont celles de mon père et de Michel Legrand.

René, qui se savait condamné, plaisanta jusqu'au bout : son rêve, disait-il, était de mourir en plein milieu d'une histoire drôle, privant ses proches de la chute pour qu'ils restent sur leur faim – pudique manière de laisser des regrets indolores. Même s'il n'y est pas vraiment arrivé, c'est la puissance de son humour consolateur qui demeure gravée dans le cœur de ceux qui l'ont connu. Michel, lui, après avoir dominé la maladie en composant pour mon film *J'ai perdu Albert* une musique superbe, fixa, lors de notre ultime dîner, un calendrier pour les mois à venir. Il échelonna nos réunions pour les reprises à Paris du *Passe-Muraille* et de *Dreyfus*, puis nos séances de travail sur la création de notre dernière comédie musicale, *L'Amour fantôme* – dans l'hypothèse où il survivrait

La bienveillance des adieux

à cette anémie pernicieuse qui rongeait son énergie hors du commun. Et, si tel n'était pas le cas, il me fit noter dans mon agenda les rendez-vous posthumes qu'il comptait bien me donner une fois qu'il aurait « expédié les affaires courantes ».

Durant six mois, j'ai guetté les dates, traqué les signes, tendu l'oreille aux idées censées jaillir de nos trente-trois ans de fraternité créatrice... Rien. De son vivant, sa ponctualité était aussi maladive que son impatience. Il semble aller mieux, me disais-je pour atténuer ma déception. Et puis il était normal que son âme, si elle était en service, se concentre sur les projets de ses enfants et de sa veuve Macha Méril – qu'il avait retrouvée, cinquante ans après leur premier coup de foudre, alors qu'elle jouait ma pièce *Rapport intime*. Je me faisais une raison.

Un jour de juin, mon piano – enfin, celui de Michel, quand on travaillait chez moi – s'est mis à jouer tout seul. Deux ou trois notes, jamais les mêmes, plusieurs fois par semaine, devant témoins ou pas. Difficile d'identifier avec certitude le compositeur, de reconnaître son style avec si peu de mesures. Mais j'ai eu le bonheur de partager ce phénomène avec Patrice Peyriéras, le directeur musical de Legrand, son pianiste de cœur, son « frère de son », et l'émotion commune importe plus que la certitude. J'ajouterai que, dans le même temps, un producteur nous faisait une proposition inattendue pour la création de *L'Amour fantôme*.

Dans la préparation de leur départ comme dans les signes apparents de leur survie, René et Michel m'ont

La bienveillance est une arme absolue

fourni les armes les plus efficaces qui soient contre le chagrin, la résignation, le vide.

*

Ma dernière agonie en date, celle que j'ai accompagnée durant les mois d'hiver 2019, fut d'une autre nature. Je n'ai pas su m'y prendre avec ma mère. Il faut dire qu'elle avait toujours mis beaucoup d'ego dans son état de santé. Bien portante, elle se vantait de résister à tout parce qu'elle ne se plaignait jamais ; malade, elle tirait gloire de poser aux spécialistes des problèmes insolubles. « C'est la première fois qu'ils rencontrent un cas de ce genre ! » – sous-entendu : ils n'ont jamais vu une patiente comme moi. Elle faisait tout pour remonter la pente, mais en sachant très bien qu'elle retomberait plus bas. Essayer de la persuader du contraire, c'était la dévaloriser, lui mentir inutilement. Ses médecins en ont tenu compte. Ce qui lui faisait le plus de bien : les entendre dire qu'elle était un cas d'école. Et, de fait, son dossier médical fut un véritable roman, du moins dans les derniers chapitres.

En décembre 2000, pendant les préparatifs du réveillon de Noël, elle avait commencé par développer dans le foie une tumeur gigantesque : en quelques jours, elle avait atteint la taille d'un ballon de rugby. La famille s'était réunie autour du sapin de l'hôpital durant son opération d'urgence. Elle en était ressortie avec deux lobes en moins et un agacement croissant : ce n'était pas la peine de lui avoir gâché ses foies gras maison, sa dinde aux morilles et ses treize desserts pour une tumeur

La bienveillance des adieux

bénigne sans autre conséquence qu'une cicatrice ratée. Du coup, elle se vengea du corps médical en ne respectant aucune des prescriptions post-opératoires. À peine sortie de l'hôpital, elle reprit sa gym à haute dose (« Si ça ne fait pas mal, ça ne fait pas de bien »), et se déclencha une éventration qui obligea à la réopérer pour lui poser une plaque.

Elle vécut ensuite près de vingt ans sans le moindre régime ni la moindre modération dans sa consommation de champagne. Elle ne buvait jamais seule, mais elle recevait beaucoup... Ses analyses demeurèrent impeccables, jusqu'à ce que le problème hépatique revienne sous forme de métastases issues d'un cancer de l'intestin opéré avec succès. Alors elle prit, comme elle disait, ses dispositions, sans embêter personne, sans rébellion ni peur, sans résignation non plus, ouverte au miracle éventuel pour me faire plaisir, gérant les effets secondaires du traitement et préparant le terrain pour sa succession avec une application méthodique. Elle ne se laisserait pas dépasser par les circonstances, on ne la prendrait pas de court. Ultime victoire de la fierté altière qui avait toujours alimenté sa bienveillance.

Mais, à l'issue de la défaite médicale, elle dut se résoudre à l'armistice. Déposer les armes. Accepter de ne plus avoir assez de forces pour cuisiner, tenir sa maison, son rang, ses promesses. Accepter la dépendance, les accessoires, la détresse. Accepter de ne plus pouvoir rester chez elle. Son oncologue ne reçut qu'une seule consigne : « Vous me direz quand ce ne sera plus la peine que je lutte. » Nous l'avons appliquée en dernier ressort, pour lui épargner ce qu'elle vivait le plus mal : l'humiliation d'être prise pour une truffe. Alors elle baissa les bras, cessa d'essayer d'aller mieux, s'abandonna aux soins palliatifs et s'efforça de ne plus penser à la mort en se concentrant, on l'a vu, sur les conditions de vie du grutier de l'autre côté de la fenêtre.

Moyennant quoi, elle s'accrochait, comme malgré elle. Durant une semaine et demie, le personnel soignant me répéta chaque jour, au vu des analyses et des symptômes, que « c'était une question d'heures ». Je l'y préparai comme je pus, lui décrivant le monde où elle s'apprêtait à transférer ses acquis, à retrouver son énergie, son rayonnement, ses êtres chers. Je ne lui parlais pas de paradis, de repos éternel : je lui promettais son retour à la vie active. Un au-delà sur mesure. Elle disait oui, mais c'était pour ne pas me contrarier. Je la sentais réticente, comme devant une publicité trop alléchante pour être sincère. J'avais l'impression de lui faire visiter un appartement témoin, qu'elle validait tout en se refusant à signer, par crainte d'une arnaque. Elle était croyante, mais pas dupe. On ne la lui faisait pas.

Alors je cessai de promettre pour, simplement, faire rêver. Renonçant à m'appuyer sur les séductions matérielles d'un au-delà qui aurait ressemblé à sa vie d'avant la maladie, je fis miroiter une autre de ses obsessions, qu'elle avait si souvent sacrifiée à ses devoirs de maîtresse de maison et de bonne Samaritaine tous azimuts : le voyage. Les croisières. Larguer les amarres à la découverte de l'inconnu. Ce fut mon dernier leitmotiv à son chevet :

La bienveillance des adieux

— Vas-y, embarque, tu as le droit, rien ne te retient, tu as fait tout ce que tu devais faire pour les autres et je prendrai la relève, ne t'inquiète pas, tu as tout bien fait, tout est en ordre, embarque...

En la quittant chaque soir, je pensais la laisser en haut de l'échelle de coupée, mais au matin je la retrouvais à quai. Elle n'embarquait pas, non. Sa plus vieille amie, qui me relayait à son chevet, m'avait confié son ressenti : ça la gênait de s'éteindre devant moi. Instinct de protection, refus d'infliger, pudeur, fierté, principes... Une mère donne la vie, pas le spectacle de sa mort.

Et puis je dus repartir pour Paris : une émission en direct que j'aurais dû annuler, mais je m'étais fié aux certitudes des médecins, au pronostic vital. J'avais planifié un aller-retour entre les dates probables de son décès et de ses obsèques – à présent, il était trop tard pour planter au dernier moment les programmateurs qui n'avaient pas d'invité de secours. D'autant que ma mère usait ses dernières forces à me répéter dans un filet de voix :

— Fais ce que tu as à faire, je te verrai à la télé.

Alors, je laissai Paule à son chevet. Même prénom, même cursus, même âge ou peu s'en faut, son amie d'enfance incarnait tout ce qu'elle aurait pu et voulu être : avocate respectée, pasionaria irréductible, meneuse d'hommes, de combats et de revues – je n'oublierai jamais ses prestations dansées dans le spectacle des avocats niçois au Casino Ruhl, en 1977, où j'avais remplacé au pied levé un de ses confrères qui s'était cassé la cheville. Toujours inscrite au Barreau à quatre-vingts ans et des poussières, toujours plaidante, toujours de gauche, toujours en forme, toujours sous les feux de la rampe, guerrière, fleur bleue, le cœur à vif et le rire en cascade, elle était à la fois son contraire et son âme sœur.

Il était 17 heures, à l'aéroport de Nice. Au moment de plaquer mon portable contre le lecteur optique, à l'enregistrement, la sonnerie se déclencha. « Numéro inconnu ». Je refusai l'appel, pour faire réapparaître sur l'écran ma carte d'embarquement. Une fois le portique franchi, j'écoutai le message.

— Didier, c'est Paule, maman vient de rejoindre René.

La synchronicité me cueillit de plein fouet. Moi qui l'avais tant incitée à « embarquer », voilà qu'elle me prenait au mot en retournant la situation. Je restais figé, au milieu des passagers qui me contournaient en râlant. Le portillon de l'enregistrement s'était refermé derrière moi, il était trop tard pour que je revienne en arrière. C'est qu'il devait en être ainsi. Après quelques instants, je me remis en marche vers l'avion. Elle n'avait pas voulu que je me dérobe à mes obligations de son vivant ; je n'allais pas le faire maintenant que mon retour « pouvait attendre ».

Mais sa motivation était, peut-être, plus profonde que le respect de mes engagements. Plus personnelle, plus subtile. Voilà que je me demandai si son attitude reflétait vraiment la bienveillance, ou si elle s'apparentait à une forme de punition – ce qu'on appelle « un prêté pour un rendu ». Aussi généreuse en actes que rancunière en pensées, elle disait couramment de qui l'avait agacée ou déçue : « Je lui garde un chien de ma chienne. » En ce qui me concerne, si tel était le cas, je savais d'où venait la portée.

La bienveillance des adieux

La nuit où mon père, dans le même service d'hôpital, était passé de coma à trépas, quatorze ans plus tôt, nous étions auprès de lui, relayant mes frères et sœur. Elle dormait dans un lit d'appoint, tandis que je le veillais dans un fauteuil collé à son matelas, attentif aux variations de sa respiration. Lorsqu'elle est devenue chaotique, je n'ai pas donné l'alerte. J'étais figé, tétanisé. Il s'est passé alors une chose incroyable, que je n'attendais absolument pas. Au moment où ses poumons se sont tus, j'ai senti comme une spirale d'énergie tourner autour de moi et s'engouffrer dans ma poitrine. L'expression populaire dit : « Recueillir le dernier souffle. » J'ai vécu l'image, littéralement. Une force intense et calme s'est répandue en moi. Un élan d'harmonie, de partage plus puissant que la déchirure et le vide causés par son départ.

Replié sur cette sensation paradoxale et grisante, j'avais laissé ma mère dormir. Je voulais conserver quelques instants, avant qu'il ne soit dilué dans les larmes de circonstances, le sentiment d'euphorie bouleversant par lequel mon père me faisait ses adieux posthumes.

Oui, je l'avais privée, égoïstement, de ce dernier souffle. Alors, peut-être avait-elle voulu réserver le sien à son amie jumelle, pour me rappeler mon indélicatesse, m'en absoudre en imitant mon choix de jadis : me frustrer de ses derniers instants. Tout était bien qui finissait au mieux. La bienveillance, quelles que soient les intentions qui l'animent – pures, ambiguës, revanchardes, malicieuses –, n'a de vertu que par l'effet qu'elle produit.

Merci, donc, d'être passée dans l'au-delà tandis que je franchissais ma porte d'embarquement. Merci pour la

La bienveillance est une arme absolue

délicatesse narquoise de ton faire-part, maman, pour cette manière de clin d'œil qui transcenda mon chagrin, pour la conclusion ainsi offerte au présent livre. Je ne l'ai pas écrit pour toi, mais il m'a permis de te traiter, enfin, sur un même pied que ton homme, avec une bienveillance similaire. Autrement dit : à armes égales.

*

Dans *La Visite*, la très belle chanson qu'il a dédiée à Georges Brassens au lendemain de son décès, Maxime Le Forestier lui demande : « Laquelle as-tu choisie/ Des ruses que les hommes ont trouvées jusqu'ici/ Pour rendre la mort moins cruelle ? » Certains espèrent survivre à travers leur talent, leurs records, leur fortune, la trace que leur passage sur Terre aura laissée dans leur quartier, dans l'histoire, la matière ou le virtuel. Mais la forme d'immortalité la plus sûre ici-bas, celle qui se nourrit le mieux du bouche-à-oreille, demeure, comme Brassens le chantait lui-même dans *L'Auvergnat*, la bienveillance. C'est du moins le sentiment que je retire à l'issue de cet ouvrage, au travers des personnages qui s'y sont côtoyés, anonymes ou célèbres, récurrents tutélaires ou figurants de passage.

J'aimerais laisser le mot de la fin à l'un des auteurs dont je me suis senti le plus proche, de par sa fantaisie inoxydable, sa liberté de ton, son sens de l'amitié vigilante, son absence de jugements, son amour des femmes et des situations décalées. Il est venu voir ma première pièce en 1983, et nous ne sommes plus quittés, de loin en loin.

La bienveillance des adieux

Je veux parler de Félicien Marceau. Catalogué à droite comme la plupart des académiciens français, l'auteur du fascinant *Creezy*, roman de 1969 qui semble écrit le mois dernier, était avec Marcel Aymé l'un des anarchistes les plus bienveillants et les plus inventifs de la littérature. Et, s'il avait pour meilleur ami Michel Déon, il pouvait compter, à l'autre bout de l'échiquier politique, sur l'affection admirative d'une personne comme Guy Bedos, qui avait joué sa pièce *L'Œuf* à la télévision. J'ai souvenir d'un dîner où l'intelligence, la malice et la sensibilité de leurs échanges bousculaient tant les clivages qu'on ne savait plus de quel côté se situait la gauche. La bienveillance cinglante était leur trait d'union.

Aux obsèques de Félicien à Saint-Pierre de Neuilly, en 2012, une jeune journaliste se précipita sur Guy Bedos, caméra au poing :

— Qu'est-ce que vous faites à l'enterrement d'un ancien collabo ?

— Pardon ? répondit Guy avec un haussement de sourcil annonciateur d'orage.

— C'est connu : Marceau faisait partie de la Milice, pendant la guerre.

Alors j'entendis Bedos, au travers d'une simple leçon d'histoire, exécuter la malheureuse avec toute la violence maîtrisée qu'il employait dans ses revues de presse sur scène : Marceau était né en Belgique où il avait fait son service militaire, et là-bas on appelait « milice » l'armée de réserve, c'est tout. Sous l'occupation allemande, il avait démissionné de la radio belge, mais le Conseil de guerre lui avait reproché, à la Libération, d'avoir exprimé

La bienveillance est une arme absolue

de la compassion pour les victimes d'un bombardement allié. Condamné à la déchéance de nationalité, il était devenu français sur décision du général de Gaulle, ulcéré par ce verdict indigne d'un tribunal militaire.

— Bref, quand on se prétend journaliste, mademoiselle, on vérifie ses sources. Vous êtes la honte de votre profession, il y a de quoi se retourner dans son cercueil.

Et Bedos la laissa bouche bée, au milieu des badauds qu'avait attirés son invective, pour aller suivre la cérémonie religieuse en mémoire de son ami. J'ignore si cet éloge funèbre au vitriol fut diffusé dans son intégralité, mais son empathie coup de poing a vengé tous les présents de la bêtise hargneuse déployée, trop souvent, à l'encontre des personnes inclassables.

Félicien, donc, dans une lettre à propos de l'un de mes livres, m'avait écrit à quatre-vingt-quinze ans :

> *L'au-delà réduit aux effets secondaires de nos rapports avec autrui n'est pas la forme de survie la plus ingrate qui soit. Si d'aventure le Paradis est un menu à la carte, comme vous le pensez, je crois savoir quelle spécialité je choisirai : la « bien-veillance » posthume. Persister à vouloir du bien et, pour ce faire, demeurer en veille.*

Épilogue

La bienveillance est un carré de chocolat qui sauve

Au moment où je m'apprête à rendre ma copie, une amie me transfère une vidéo si extraordinaire que je ne peux qu'en parler dans cet épilogue. C'est le témoignage d'une nonagénaire, Francine Christophe, déportée par les nazis à huit ans avec sa mère. Au camp de concentration de Bergen-Belsen, l'unique bien qui leur reste, c'est un carré de chocolat que la maman « garde » pour le jour où vraiment la petite n'ira pas bien. C'est leur talisman, leur boussole, leur seul point d'espoir : la preuve que, malgré les apparences, tout ne va pas si mal, puisque le chocolat reste en réserve pour des jours pires.

Et puis, un soir, une autre déportée de leur baraquement est sur le point d'accoucher. Elle est à bout de forces, au bord de mourir de faim. Alors, la mère de Francine demande à sa fille si elle accepte de céder son carré de chocolat. L'enfant dit oui.

Quelques mois après, le camp est libéré par les Alliés. Les déportés sont triés, séparés. Ceux qui parviennent à surmonter l'épuisement, les séquelles, l'horreur psychologique s'efforcent, petits ou grands, par le devoir de mémoire ou le recours à l'oubli, de se reconstruire une vie.

Soixante-quinze ans plus tard, Francine Christophe, à la demande de sa famille, organise un colloque sur le thème : une « cellule d'assistance psychologique », à l'époque, aurait-elle changé quelque chose au retour difficile des déportés à la vie « normale » ? Dans la salle, une psychiatre retraitée, venue de Marseille, se lève pour lui dire :

— Je n'ai pas de réponse à vous donner, madame, mais j'ai quelque chose à vous rendre.

Et elle lui apporte un carré de chocolat, en ajoutant simplement :

— Je suis le bébé.

Même dans les circonstances les plus cruelles, quand à nos yeux elle paraît violée, abrogée, caduque, la bienveillance demeure la loi qui gouverne nos destins. Mais seuls ceux qui la mettent en pratique le savent. Et, lorsqu'ils en doutent, au vu des événements et des comportements ambiants, il arrive parfois qu'elle revienne ainsi les frapper de plein fouet.

Table

1. Présentez arme... 9
2. La bienveillance : un don, une tare ou un choix 14
3. La bienveillance vengeresse 19
4. Sadisme et bienveillance 26
5. La bienveillance est un plaisir solitaire 34
6. Prestige de la bienveillance 46
7. La bienveillance motrice 54
8. Les bienveillances cachées 62
9. La bienveillance malgré soi 73
10. Quand la bienveillance récompense l'imposture 78
11. La bienveillance est un électrochoc 83
12. Les pièges de la bienveillance 96
13. Retours de bienveillance 110

14.	Abus de bienveillance	120
15.	La bienveillance compensatoire	131
16.	La bienveillance thérapeutique	136
17.	La bienveillance donne-t-elle des super-pouvoirs ?	144
18.	Le jour où la bienveillance arrêta une guerre	151
19.	Quand la bienveillance sort de ses gonds	156
20.	La bienveillance en tant que riposte	161
21.	La bienveillance animale	165
22.	La bienveillance végétale	186
23.	La bienveillance coupable	201
24.	La bienveillance des bactéries	208
25.	Y a-t-il une bienveillance extraterrestre ?	214
26.	La bienveillance posthume	231
27.	La bienveillance divine	248
28.	La bienveillance des adieux	256

Épilogue   267

Du même auteur

Romans

LES SECONDS DÉPARTS :

Vingt ans et des poussières, Le Seuil, 1982 ; Points-Roman, 1995 (prix Del Duca).
Les Vacances du fantôme, Le Seuil, 1986 ; Points-Roman, 1995 (prix Gutenberg du Livre 1987).
L'Orange amère, Le Seuil, 1988 ; Points-Roman, 1995.
Un aller simple, Albin Michel, 1994 ; Le Livre de Poche, 1995 (prix Goncourt).
Hors de moi, Albin Michel, 2003 ; Le Livre de Poche, 2005.
L'Évangile de Jimmy, Albin Michel, 2004 ; Le Livre de Poche, 2006.
Les Témoins de la mariée, Albin Michel, 2010 ; Le Livre de Poche, 2012.
Double identité, Albin Michel, 2012 ; Le Livre de Poche, 2014.
La Femme de nos vies, Albin Michel, 2013 ; Le Livre de Poche, 2015 (prix des Romancières, prix Messardière du Roman de l'été, prix Océanes).
Jules, Albin Michel, 2015 ; Le Livre de Poche, 2017.
Le Retour de Jules, Albin Michel, 2017 ; Le Livre de Poche, 2019.
La Personne de confiance, Albin Michel, 2019.

LA RAISON D'AMOUR :

Poisson d'amour, Le Seuil, 1984 ; Points-Roman, 2000 (prix Roger-Nimier).
Un objet en souffrance, Albin Michel, 1991 ; Le Livre de Poche, 1993.
Cheyenne, Albin Michel, 1993 ; Le Livre de Poche, 1995.
Corps étranger, Albin Michel, 1998 ; Le Livre de Poche, 2000.
La Demi-pensionnaire, Albin Michel, 1999 ; Le Livre de Poche, 2001 (prix Version Femina).
L'Éducation d'une fée, Albin Michel, 2000 ; Le Livre de Poche, 2002.
Rencontre sous x, Albin Michel, 2002 ; Le Livre de Poche, 2004.
Le Père adopté, Albin Michel, 2007 ; Le Livre de Poche, 2009 (prix Marcel-Pagnol, prix Nice-Baie des Anges).
Le Principe de Pauline, Albin Michel, 2014 ; Le Livre de Poche, 2016.
On dirait nous, Albin Michel, 2016 ; Le Livre de Poche, 2018.

LES REGARDS INVISIBLES :

La Vie interdite, Albin Michel , 1997 ; Le Livre de Poche, 1999 (Grand Prix des lecteurs du Livre de Poche).
L'Apparition, Albin Michel, 2001 ; Le Livre de Poche, 2003 (prix Science-Frontières de la vulgarisation scientifique).
Attirances, Albin Michel, 2005 ; Le Livre de Poche, 2007.
La Nuit dernière au XVe siècle, Albin Michel, 2008 ; Le Livre de Poche, 2010.

La Maison des lumières, Albin Michel, 2009 ; Le Livre de Poche, 2011.
Le Journal intime d'un arbre, Michel Lafon, 2011 ; Le Livre de Poche, 2013.
J'ai perdu Albert, Albin Michel, 2018.

THOMAS DRIMM :

La fin du monde tombe un jeudi, tome 1, Albin Michel, 2009 ; Le Livre de Poche, 2012.
La guerre des arbres commence le 13, tome 2, Albin Michel, 2010 ; Le Livre de Poche, 2012.
Le temps s'arrête à midi cinq, tome 3, in *Thomas Drimm. L'intégrale*, Le Livre de Poche, 2016.

Album jeunesse

Et si tu étais une abeille ?, Michel Lafon, 2018.

Récit

Madame et ses flics, en collaboration avec Richard Caron, Albin Michel, 1985.

Essais

Cloner le Christ ?, Albin Michel, 2005 ; Le Livre de Poche, 2007.
Dictionnaire de l'impossible, Plon, 2013 ; J'ai Lu, 2014.
Le Nouveau Dictionnaire de l'impossible, Plon, 2015 ; J'ai Lu, 2016.

Au-delà de l'impossible, Plon, 2016 ; J'ai Lu, 2018.
Les Émotions cachées des plantes, Plon, 2018 ; J'ai Lu, 2019.

Beaux-livres

L'enfant qui venait d'un livre, tableaux de Soÿ, dessins de Patrice Serres, Prisma, 2011.
J. M. Weston, illustrations de Julien Roux, Le Cherche-midi, 2011.
Les Abeilles et la vie, photos de Jean-Claude Teyssier, Michel Lafon, 2013 (prix Véolia du Livre Environnement 2014).

Théâtre

L'Astronome, Actes Sud-Papiers, 1983 (prix du Théâtre de l'Académie française).
Le Nègre, Actes Sud-Papiers, 1986.
Noces de sable, Albin Michel, 1995.
Le passe-muraille [comédie musicale – d'après la nouvelle de Marcel Aymé, 1996 (Molière 1997 du meilleur spectacle musical) ; à paraître aux éditions Albin Michel.
Le Rattachement, Albin Michel, 2010.
Rapport intime, Albin Michel, 2013.

*Composition et mise en pages
Nord Compo à Villeneuve-d'Ascq*

CET OUVRAGE
A ÉTÉ ACHEVÉ D'IMPRIMER
SUR ROTO-PAGE
PAR L'IMPRIMERIE FLOCH
À MAYENNE EN OCTOBRE 2019

N° d'impression : 95168
Imprimé en France